U0923592

图1　要常观察生活中的教育素材

图3　要从小遏制孩子的自私心理

图4　生活中让孩子充满无私的爱

图5　在生活细节中培养公德

让品德

促进孩子学业提升

总主编：周文彪

品德与分数

Morality and Scores

主　编：张平原

中国纺织出版社有限公司

内 容 提 要

本系列丛书共分为《教育与创新》《规矩与成长》《品德与分数》《知识与财富》等10个分册。每章节的论述都以著名教育家陶行知先生经典小故事为引导，分别提出论点、论据，彰显了教育家言行一致的风格。每章结尾处又以陶行知本人的行为规范为楷模，不仅能使读者读懂理论，还能感染父母体会“学为人师，行为世范”的家教风格，进一步揭示了“父母的行为要成为孩子的楷模”这一育子伦理，加深了读者的深度思考和理解。

图书在版编目（CIP）数据

陶行知生活教育系列丛书. 品德与分数 / 周文彪总主编；张平原主编. -- 北京：中国纺织出版社有限公司，2021.12

ISBN 978-7-5180-9215-4

Ⅰ. ①陶… Ⅱ. ①周… ②张… Ⅲ. ①生活教育–儿童教育–家庭教育 Ⅳ. ①G78

中国版本图书馆CIP数据核字（2021）第262997号

策划编辑：闫　星　　责任编辑：刘桐妍　　特约编辑：符　芬
责任校对：高　涵　　责任印制：储志伟

中国纺织出版社有限公司出版发行

地址：北京市朝阳区百子湾东里A407号楼　邮政编码：100124

销售电话：010—67004422　传真：010—87155801

http://www.c-textilep.com

中国纺织出版社天猫旗舰店

官方微博 http://weibo.com/2119887771

三河市延风印装有限公司印刷　各地新华书店经销

2021年12月第1版第1次印刷

开本：880×1230　1/32　印张：63.75

字数：1040千字　定价：398.00元（全10册）

学做真人
生存能力
理财能力
分析能力
组织能力
演讲能力
表达能力
管理能力
专业能力
设计能力
创新能力
创造能力
影响力
激励力
组织与授权
监控与检查
灵活应用
个人体验
生活经验
领导经验
管理经验
跨学科知识
产业中的教育感悟
专业导向产业延伸
获取
· 知识
· 技能
· 收入
储存
职业体验
· 标准化
· 流程化
· 科研化
· 智能化
应用
•行为养成
•职业感知
•兴趣爱好
兴趣培养
•学习能力
•兴趣特长
•职业认知
行为习惯
•职业规划
•科普知识
•职业体验
社交知识
•人文地理
•礼貌礼仪
•职业习惯
职业发展
培养企业拿来即用的
人
· 个人形象
· 维护与辩护能力
· 冲突管理
· 团队工作能力
· 客户导向意识
基础教育
· 自我定位
· 智能管理
· 科技创新
· 知识传播
品德与分数
· 角色管理
· 时间管理
· 沟通管理
· 目标管理
· 激励管理
· 绩效管理
· 技能管理
企业体验
产教融合
院校教学
岗位体验
职业体验
智商：
认识客观事物，运用知识解决实际问题的能力，掌握处理业务工作所需的技术和工具
情商：
具备处理自己与他人关系的能力
智能养身
运动场
游泳池
健身馆
药膳堂
养生馆
MR体验
职业感知
职业认知
科学实验
技术革新
数学应用
艺术熏陶
创新思维
创新创业
品德修养
心理调节
情操感悟
教育中的产业渗透
教人求真
社区教育
· 教育与创新
· 规矩与成长
· 品德与分数
· 知识与财富
· 行为与性格
· 尊重与情商
· 勤奋与责任
· 生存与发展
· 音乐与人生
· 表扬与批评
· 专业与职业
· 健康与人生
· 安全与生产
通过产教融合，归纳演绎出：团队竞争力和创新、创造力
形成寓教于乐的教育特色：产教融合、协同育人
“三识” 学识 见识 胆识
显性知识：理论、通用（知道）
隐性知识：经验、教训（会用）

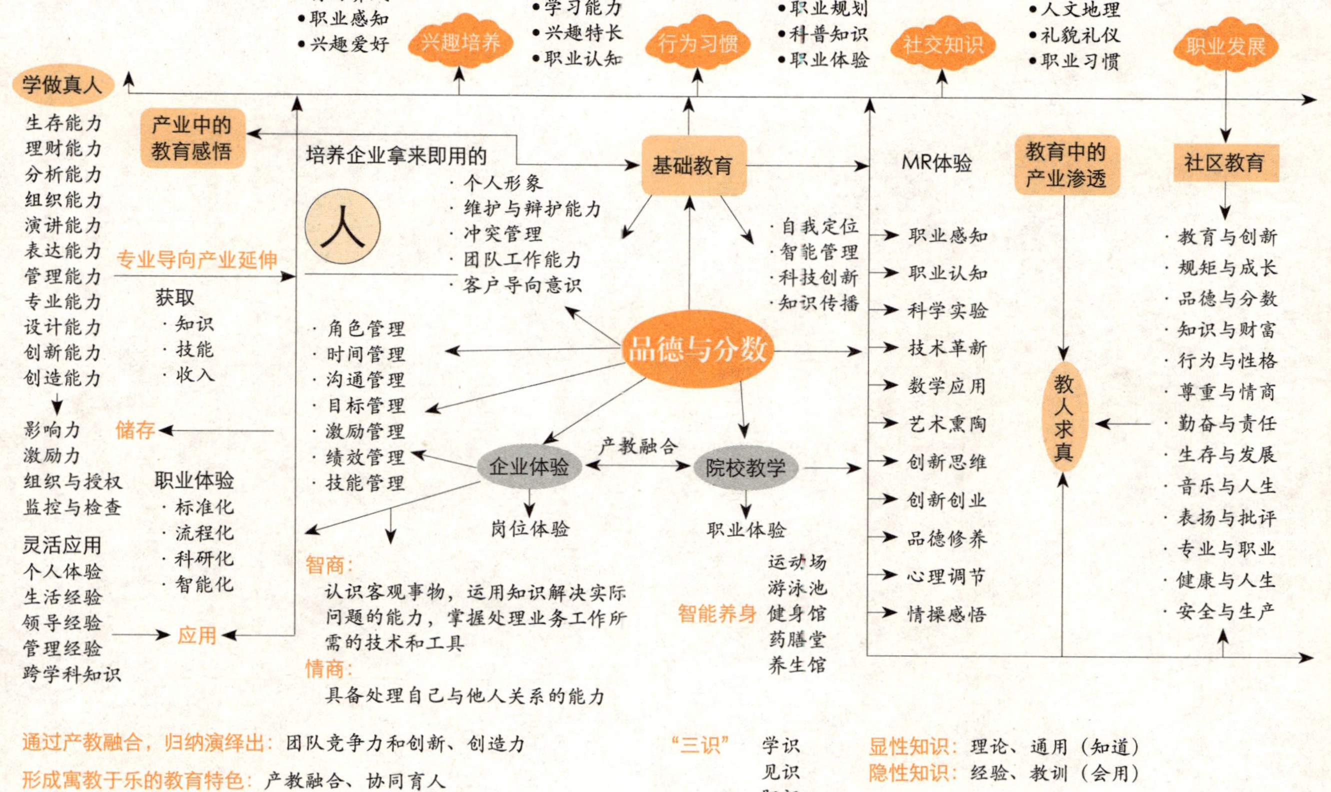

《品德与分数》框架结构图

TAO XING ZHI SHENG HUO

《陶行知生活教育系列丛书》

编委会

JIAO YU XI LIE CONG SHU

各分册主编

第一分册 《教育与创新》 主编 郭洪飞 赵 明

第二分册 《规矩与成长》 主编 罗碧华 杨秀丽

第三分册 《品德与分数》 主编 周文彪 张平原

第四分册 《知识与财富》 主编 刘建清 周 苹

第五分册 《行为与性格》 主编 刘馨阳 郭洪飞

第六分册 《尊重与情商》 主编 周 蔷 李嘉玉

第七分册 《勤奋与责任》 主编 周志平 秦承敏

第八分册 《生存与发展》 主编 刘义光 黎 邓

第九分册 《音乐与人生》 主编 张炜 蒋菡 何薇

第十分册 《批评与表扬》 主编 陈京平 张 炜

序一

闻悉周文彪先生任总主编的《陶行知生活教育系列丛书》付梓出版，尤其是将家庭教育融入陶行知生活教育思想非常必要。为众多父母在子女教育上坚持“行知合一”，用自己的行为做孩子的楷模提供了良好的借鉴。

随着《中华人民共和国家庭教育促进法》的颁布与实施，重视智力发展，忽视道德培养；重视知识学习，忽视能力培养；重视书本知识学习，忽视劳动实践；重视孩子智力发展，忽视情商培养；重视特长培养，忽视全面发展；重视身体健康，忽视心理健康；重视饮食营养，忽视身体保健的倾向越来越没有了市场，众多教育工作者逐步走向培养孩子全面发展的轨道。

父母与孩子的关系就好比土地和禾苗：土地肥沃，禾苗就茁壮；土地瘠薄，禾苗就瘦弱。家庭教育也是如此，父母的行为时时都在感染、熏陶和“塑造”着孩子的人生，孩子的行为、习惯、个性、性格也正是在父母行为的影响下逐步形成的。

大家都希望自己的孩子能接受到更好的教育，成为更优秀的人，这是为人父母的期望，也是整个教育事业必将要达到的目标，因此，我们万万不可忽略父母行为对孩子的影响。

在众多家庭教育中，有成功的经验，也有失败的教训，很多父母对孩子的期望总会产生极大的落差，其中的原因是什么呢？

一则对孩子的期望值过高。不计其数的父母盲目坚守着“望子成龙、望女成凤”的观念，孩子一入学就对他们提出：一定要考多少分，保持班上前几名，初中要考取某某名校，大学要考上985、211，毕业后要从事某高科技、高科研、高薪资的工作，结果，期望值越高，失望越大。

二则对孩子娇生惯养。很多孩子在家“称王称霸”，在外“一事无成”。其原因就是父母总是把孩子看作“温室里的花草”，对孩子提出的条件无限制地满足，平时这也不让做，那也不让做，忽略了孩子自身的锻炼，致使孩子一旦离开父母，走向社会，连最起码的生活自理能力也没有了。

三则对孩子放任自流。有些父母虽然与孩子住在一个屋檐下，同吃一锅饭，却很少交流，一旦交流就是“考多少分？全班第几名？”孩子做不到，就“一顿唠叨或讽刺挖苦”，这种不注意孩子的心理调适，一味压制，到头来孩子只好选择不和父母交流，有的甚至不想往来，还有的父母与孩子竟然像陌生人一样，孩子也干脆不和父母在一起。

四则对子女过度殷勤。随着生活水平的提高，很多父母对孩子过于殷勤，如吃饭的时候，总是喜欢将椅子、碗筷摆好，饭菜盛好，还有的孩子已经上小学了，还要靠父母喂饭吃。

五则用金钱替代教育。父母用金钱替代教育的现象不占少数，我们是否可以静下心来想一想：这样做究竟给孩子带来的是什么？存款、股票、房产、产业，等等？如此下去，孩子将来又会走向何方？培养孩子全面发展岂不是成了一句“空谈”？

特别引以注意的是：一些父母竟然混淆了家庭教育与学校教

育的关系。把孩子成才的期望全部寄托于学校，错误地认为教育就是学校的事，孩子只要考高分，上个好大学，将来就一定能有个好职业。这个误区实在可怕，大家要明白：家庭是教育的最基本、最基层的单位，学校教育是辅助家庭培养孩子成才的，家庭教育与学校教育的区别只是环境不同、教育者与受教育者之间的关系不同、教育者自身的条件不同、教育内容不同、组织管理不同，家庭教育具有广泛的大众性、强烈的感染性、特殊的权威性、鲜明的针对性、天然的连续性以及人生幸福的继承性和教育的终身性与教育方法的灵活性。

《陶行知生活教育系列丛书》在研究陶行知生活教育思想的基础上，对于家庭教育进行了进一步的深入挖掘、整理和延伸，指出了家庭教育在整个生活教育中的地位和作用，突出了陶行知“追求真理做真人”的为人之道，涵盖了早与迟、宽与严、言与行、家与校等多个层面，给父母在子女教育中以启发。

这套丛书从“品德培养要从健康行为开始”“让规矩陪伴孩子成长”“时刻提醒孩子规范自己的言行”“比考试分数更重要的是品德”“给孩子金山不如给知识，再富也别富养孩子”“知识转化为生产力才有力量”“不要忽略创新在教育中的作用”“对孩子的情商培养要从尊重开始”“让孩子在挫折中求生存”“不要忽视孩子生存能力的训练”10个侧面，提出了一系列比较现实的教育观点，通过生活中的一个个典型案例，论述了父母的行为与孩子成长的辩证关系，比如：父母自身素质、教养态度、教育能力、家庭生活条件、家庭成员之间的关系、家庭的社会背景和社会风气、家庭中错综复杂的冲突与矛盾等。促使父母更加重视“家庭教育的优势与劣势”“独生子女教育的优劣”“爱而不娇”“严而有格”“该管则管，该放则放，管放结合”“发展特长和全面发展”“言教和身教”“说服和实践”“掌握分寸选择机会”等重要问题。

在本套丛书即将发行之际，我们期望父母通过本书的阅读，提升家庭教育观念，支持孩子进行科学、文明、道德的修炼，使之在更多的学习活动中获得更多的自主权，从事更加有益的实践活动，在家庭教育中获得课堂上无法获得的知识和能力，使孩子的个性、知识、人格、情操、体质诸方面得以健康发展，让家庭教育与学校教育相辅相成、互相促进、相得益彰，促使孩子德、智、美、体、劳全面发展。

（俞启定　国内首批获得教育学硕士、博士学位的博士生导师，北京师范大学著名教授）

俞启定

2021 年 11 月 28 日

序二

《陶行知生活教育系列丛书》即将付梓出版，应丛书总主编周文彪先生之邀，特写上以下一番话，表达祝贺之意。

萌芽于1918年，成型于1927年的“生活教育”理论，是陶行知教育思想的核心。

“生活教育”理论是陶行知作为中国现代教育先驱的思想理论基础，开展对“生活教育”理论的深化研究是极具意义的！生活决定教育，教育必须改造生活。“从定义上说，生活教育是给生活以教育，用生活来教育，为生活的向前向上的需要而教育”。

“生活教育”是活教育。“书是不可以死读的，但是不能不活用。”

“生活教育”是“大教育”。它是包括社会、学校、自然、家庭的整个的教育。

“生活教育”是融合教育。通过德智体美劳、军（军事训练）的融合，让学生成为真善美、智仁勇结合的“整个的人”。

陶行知认为，“知识与品行分不开，思想与行为分不开，课内与课外分不开，做人做事与读书分不开，即教育与训育分不开”。求知、品格、赋能的有机结合是学育方式变革的根本途径。

“生活教育”也是“与时代俱进”的教育。唯有与时代俱进，才能成为促进社会不断发展的现代人。

陶行知先生创立的“生活教育”理论，已经成为时代的显学。它揭示了教育的本质，阐明了教育的职能，把握了现代教育的特征与趋势，极具当代价值，也成为新时代教育改革发展的“路向”之一。

在当代，如何深化研究传承“生活教育”思想？可以说，文献式地把陶行知先生的文章、讲话、书信、诗歌等文献资料结集出版的任务已基本完成，诠释式的解读则远远不够！联系实际研究、践行陶行知思想的传承，即把陶行知思想及其教育主张深化研究，汲取其中的思想内核、当代价值并与当代教育实际紧密结合，瞄准当下教育的新问题、新课题，探索教育改革的新思路、新路径尤为重要。

陶行知本身是教育实践的行动家，其教育思想在本质上是一种实践的教育学说，理论与实际结合是“生活教育”的生命力所在，只有从“行知合一”上理解其思想实质，从理论与实践的结合上深化研究，在学育方式变革上深化改革，才是真研陶！

生活是向个体敞开的含有情境和价值的意义总体，包括：教育生活、社会生活、自然生活，当然也包括家庭生活。我国最早在1903年的《教育泛论》中就提出家庭教育、学校教育、社会教育同为国民教育的三大支柱。

学校教育是教育制度的重要组成部分，起主导作用；社会教育是指一切影响于个人身心发展的社会教育活动，起重要辅助作用；家庭教育则是生活中家庭成员之间相互的影响和教育，有着不可替代之作用。

陶行知先生是把三者有机结合的典范。在重庆育才时，其子陶晓光去找工作，因没有文凭，就找人开了张文凭证明。

陶行知先生知晓后非常生气，对其子说：“宁做真白丁，不作假秀才”，迅即让其退掉。1940 年 11 月 5 日，陶行知在写给陶晓光的信中说：“城（即其四子陶城）每星期六到堡，我也每星期六来一次，教他一些处事待人之方。”

家庭是重要的教育场所。孩子在家的时间远超过在校时间，家庭的环境，父母的行为无时不在影响着孩子的成长；家庭是孩子的第一所“学校”，父母是孩子的第一任导师，而且是一生永恒的导师。学校的教师是可换的，而父母是无法替换的，父母不但给孩子以生命，而且还要塑造孩子的内心世界。学校里一个班，教师要管理四五十个孩子，家庭一对父母只教育一个孩子，而且孩子接触最多的又是父母，对孩子影响最大的也是父母。一个孩子的健康成长将凝聚着家庭几代人的期望，作为一个家庭，把孩子教育好，比什么都重要。

《陶行知生活教育系列丛书》共分 10 册，依托伟大的人民教育家陶行知先生提出的“生活即教育”“社会即学校”“教学做合一”的教育思想，列举了现实生活中的大量案例，反复论证了“教育与创新”“规矩与成长”“品德与分数”“知识与财富”“尊重与情商”“勤奋与责任”“生存与发展”“音乐与人生”等之间的逻辑关系，强调了父母培养孩子成长、成才的作用，突出了言传身教、行胜于言的风格，提示大家：父母的行为要成为孩子的楷模！使读者不仅读懂家庭教育理论，还渗透了“学为人师，行为世范”的育人风格。

《陶行知生活教育系列丛书》抓住了陶行知思想内在价值与当下教育的契合点、创新点，拓宽了陶行知研究的新领域，较好地回答了当下教育尤其是家庭教育面临的难点、重点问题，在研究的广度、深度上有了新的拓展。内容符合未成年人家庭教育的需要，具有鲜明的时代特征，贴近生活，教育思想观点基本是科学的，具有可操作性。文字通俗易懂，简单明了，写法生动活泼，适合一般文化水平的父母阅读。

（吕德雄　中国陶行知研究会常务副会长兼秘书长，原“晓庄师范”党委书记）

吕德雄

2021 年 11 月 29 日

序三

由周文彪先生总主编的《陶行知生活教育系列丛书》刚定稿，准备付梓出版之际，《中华人民共和国教育促进法》正式发布与实施，这让我们备受鼓舞。这套丛书的问世恰逢其时，也让家庭教育从传统意义上的“家事”变成了新时代发展，民族进步的“国事”！

《中华人民共和国家庭教育促进法》首先明确了家庭教育概念，“本法所称家庭教育，是指父母或者其他监护人为促进未成年人全面健康成长，对其实施的道德品质、身体素质、生活技能、文化修养、行为习惯等方面的培育、引导和影响”，之后强调了“家庭教育以立德树人为根本任务，培育和践行社会主义核心价值观，弘扬中华民族优秀传统文化、革命文化、社会主义先进文化，促进未成年人健康成长”。同时，《中华人民共和国家庭教育促进法》规定了学校等社会力量对家庭教育的协同任务，规定了“国家鼓励开展家庭教育研究，鼓励高等学校开设家庭教育专业课程，支持师范院校和有条件的高等学校加强家庭教育学科建设，培养家庭教育服务专业人才，开展家庭教育服务人员培训”。不难看出，一方面《中华人民共和国家庭教育促进法》从家庭教育概念，家庭教育主体责任、家庭教育的内容和方式，家庭教育工作机制，国家支持家庭教育的举措，社会力量对家庭教育的协同任务以及国家机关、国家工作人员带头做好家庭教育工作七个方面做出了法定职责与实施规制，从而成为每个家庭及社会各方自觉践行的必须；另一方面，《中华人民共和国家庭教育促进法》还强调了家庭教育、学校教育和社区教育密不可分，由此为各方教育的深度融合与协同育人提供了理论支撑与法律保障。

《陶行知生活教育系列丛书》正是符合了《中华人民共和国家庭教育促进法》的要义，从《教育与创新》《知识与财富》《规矩与成长》《品德与分数》《行为与性格》《尊重与情商》《勤奋与责任》《生存与发展》《音乐与人生》《批评与表扬》10个方面列举了大量案例，剖析了人生的十大要素，不仅启发父母更加注重家庭、家教、家风，增加家庭幸福与社会和谐，配合社会与学校把孩子培养成德、智、体、美、劳全面发展的社会主义建设者和接班人，也为各方面开展家庭教育专业的学习和培训提供了有益的参考书目。期望本套丛书的发行，能汇聚更大的力量，让家庭教育为实现伟大的中国梦发挥独特的作用！

（呼中陶　原北京师范大学党委副书记、北京师范大学珠海分校党委书记）

呼中陶

2021年11月29日

前言

当下，很多父母在孩子的教育问题上，产生了极大的困惑，到底什么是教育？怎样才能把孩子培养成社会需要的人？这些敏感的社会问题，已经引起了社会各界的高度关注，特别是父母们由于受社会环境的影响，不得不用应试教育的错误观念要求孩子：“好好读书，考个好分数，排个好名次”，使孩子误解为：“上学就是读书，读书就要为了考个好分数、未来考个好学校”，于是，大家都不辞劳苦地在以“考试分数”为标准的应试教育轨道上徘徊起来……甚至将“努力学习”也演变成了“死记硬背”，为“考试”而“学习”，而“努力”一度在社会上“蔚然成风”，由于父母们过分看重“考试分数”，而忽略了孩子未来适应社会能力的培养，“高分低能”“专业不职业”，甚至利用所学知识走向犯罪道路的案例屡屡出现，致使一批又一批聪明、可爱、天真活泼的孩子成了社会的牺牲品……

长期以来，把评价孩子优劣的标准定为“考试分数”，孩子们在学校只知道做题、考试、争高分，因而，创造力减弱，解决实际问题能力减弱，甚至自我生存的能力都受到十分严重的威胁，反而，自私自利、不团结协作、尔虞我诈“蔚然成风”。

那么，问题到底出在哪里呢？

从有人的角度来说，培养一个优秀的人，如严格的规范与要求、待人友善、懂得感恩等，其关键是对人的评价标准上出了问题。

本书注重从培养孩子的优秀品质入手，秉承古圣先贤的智慧，将古代圣贤教育与现代教育有机结合，为促进孩子的全面发展，真正实现“以人为本”的教育，奠定了良好的理论基础。书中紧扣“品德与分数”在孩子成长中的作用，深入浅出地阐明了培养孩子优秀品德的重要性，是培养德才兼备、具有国际视野的现代人的良好借鉴。

在书稿完成之际，我们要特别感谢著名家庭教育专家、中国教育学会家庭教育专业委员会原理事长、中国当代家庭教育科学研究的开拓者赵忠心同志，北京师范大学原党委副书记呼中陶同志，北京师范大学资深教授俞定启同志，中国社会福利基金会原名誉理事长缪力同志，中国陶行知研究会常务副会长吕德雄同志在百忙中给予的精心指导；特别感谢中国社会福利基金会、中国教育学会、中国家庭教育学会、中国陶行知研究会给予的大力支持，感谢长期关注生活教育的同仁和北京师范大学珠海分校、暨南大学珠海校区、吉林师范大学分院、《福建基础教育研究》编辑部、全国185位高等院校、中小幼校（园）长、教师参与研究与实践，使本书圆满完成。

由于本书的编写时间和编者水平有限，不足之处在所难免，恳请广大读者给予批评指正。

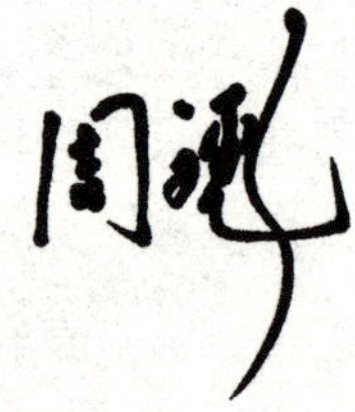

2021年11月29日

家庭生活教育的四个维度

1	获取生活兴趣的能力	观察视角：准备 / 倾听 / 互动 / 自主 / 达成
2	与父母的沟通互动能力	观察视角：环节 / 呈示 / 对话 / 引导 / 机智
3	新知识理解与评价能力	观察视角：目标 / 内容 / 实施 / 评价 / 资源
4	家庭环境与文化的熏陶	观察视角：思考 / 民主 / 创新 / 关爱 / 特质

阅读本书的观察视角

1	事前准备	孩子做事前准备了什么？是怎样准备的？
		准备得怎么样？准备充分的概率是多少？
		孩子是否养成了事前准备的习惯？
2	耐心倾听	孩子能否耐心倾听你的话？能耐心听多少时间？
		作为父母你能耐心倾听孩子的心声吗？
		倾听时，孩子有哪些辅助行为？
3	与孩子互动	你与孩子有哪些互动行为？能达成目标吗？
		你与孩子互动的时间、过程、质量如何？
		你与孩子就某一问题讨论的时间、过程、质量如何？
		你与孩子户外活动的时间、过程、质量如何？
		你与孩子的互动习惯怎么样？出现怎样的情感行为？
4	让孩子自主	孩子自主学习（活动）的时间有多少？
		孩子自主学习的形式（探究 / 阅读 / 思考）有哪些？
		孩子自主学习有序吗？有无自主探究活动？
		孩子自主学习的质量如何？
5	目标达成	孩子清楚自己的学习目标吗？
		孩子预设目标达成有什么依据？分几个阶段达成？
		近阶段（1 月 / 半年内）生成过什么目标？效果如何？

序号	项目	问题
6	问题环节	问题是由哪些环节构成的？你是否围绕这些问题沟通？
		这些环节是否面向孩子强调问题的关键点？
		你对不同环节 / 行为 / 内容 / 时间是怎么支配的？
7	正面引导	你是如何引导孩子自主学习 / 工作 / 生活的？
		你对孩子与人的合作能力是如何引导的？是否有效？
		你对孩子探究学习是如何引导的？是否有效？
8	挖潜与启智	面对孩子调皮与犟嘴，你的态度和方法有哪些？
		你如何处理孩子调皮和犟嘴？效果怎么样？
		你使用了哪些非言语行为？效果怎么样？
		你哪些行为感化了孩子（语言 / 体态 / 表情）？
9	共同思考	幸福生活是否与知识 / 技能有关？
		对孩子的引导是否有利于问题的解决？
		怎样引导孩子独立思考并自己处理问题呢？
		家庭气氛能否促使孩子独立自主地生活？
10	民主与创新	你与孩子的沟通效果怎么样？
		孩子参与集体活动的时间是怎样的？气氛如何？
		你的行为是否成为孩子的榜样？
		孩子与其他小朋友的关系如何？
		家庭创新设计、情境创设与资源利用有何新意？
		家庭气氛是否有助于孩子成长？你是如何处理的？
		孩子生活有哪些新目标 / 资源？你是如何处理的？
11	关爱与特质	孩子的生活目标是否面向未来？
		你是如何面对孩子的特殊情况的？
		孩子遇到学习困难时，你是如何关注和引导的？
		家庭环境体现了哪些有利于孩子走出困境的因素？
		家庭环境有助于孩子修正错误、健康成长吗？

目录

Part 1　成才的关键在于品德修炼

Part 2　品德比分数更重要

Part 3 从小就要遏制住孩子的“自私”

Part 4 让孩子充满无私的“爱”

Part 5 要注重培养孩子的“公德”

陶行知说：因为道德是做人的根本，根本一坏，纵然使你有一些学问和本领，也无甚用处。

成才的关键在于品德修炼

- 何谓品德
- 品德培养要从尊重开始
- 对孩子要实施“六大解放”
- 突破“常规”走向“创造”
- 孩子需要修炼的六个核心品格
- 父母的言行将影响孩子一生

何谓品德

品德即道德的品质，是指个体依据一定的社会道德准则和规范行动时，对社会、对他人、对周围事物所表现出来的稳定的心理特征或倾向。

品德是多方面的，包括“爱心”“尊敬”“言谈举止”“团结友爱”等。从儒家的创始人孔子开始，千百年来人们就一直重视道德问题，因为道德是构成人类文明的重要内容。简单地说，道德就是对他人充满善意、对社会有所贡献。

道德是人们对自身行为在社会关系中的“应当”与“不应当”的自觉意识，是人们相互关系的一种特殊规范体系。培养人的道德有四个维度：道德认识、道德情感、道德意志和道德行为。

道德认识是指人们对客观存在的道德关系、原则、规范及执行情况的认识，这是人们形成道德的第一阶段，也是明善恶、辨是非，认知事物标准的阶段。

道德情感是指人们运用一定的道德标准评价自己或他人行为时所产生的一种情感体验。产生积极的道德情感是道德养成的第二阶段，是知荣辱、辨毁誉，构建道德天平进行的自我称量，也是引发孩子行为动机的阶段。

道德意志是指个人在道德情境中，自觉地调节自己的行为，克服内、外困难，实现道德目的的心理过程。

道德意志是道德意识的能动作用，帮助我们把道德动机贯彻于道德行动之中。

道德意志的具体表现是使人的道德动机战胜不道德动机、利他动机战胜利己动机。在这一阶段人们需要排除一切困难，使道德行为能抗拒不良环境的诱惑、始终抑制不道德的行为。

道德行为是指人们在一定的道德意识支配下表现出来的有利或有害于他人和社会的行为，泛指具有道德评价意义的各种举动和行为，它包括：道德行为和不道德行为。前者指符合一定的道德原则和规范或被人们肯定的道德行为；后者指违背一定道德原则和规范的行为或者是被人们否定的道德行为；还有一类行为本身并非出于道德意识，也不涉及他人和社会的利害，即无道德意义，也不能从道德上进行善恶评价，我们把这类行为称为“非道德行为”。如无知婴幼儿的胡乱作为、精神病人的痴语等。

道德行为的具体表现形式是个体道德认识的外在表现，也是个体道德品质的外在表现，还是个体实现道德动机的手段。

道德行为的基本特征在于，它是个体对他人和社会利益的自觉认识和自由选择的表现。

道德作为一种社会行为，并不是孤立的纯粹道德意义上的行为，它可以进行善恶评价，其善恶的标准取决于它是否有利于他人和社会。

因此，道德行为也可以说是能够按照一定的道德原则和规范进行评价的社会行为。它可以是一时性的，也可以是经常性的。那种已经巩固且自动化了的道德行为变成了道德行为习惯。组织行为练习是使道德行为转化为道德行为习惯的重要途径。

生活中人们依照道德标准对自己和他人的行为进行善恶判断和评论，表明褒贬态度。对真善美给以赞扬、褒奖，对假恶丑予以批评、谴责，进而帮助人们明确自己承担的道德责任，通过社会舆论和内心信念，形成一种巨大的精神力量，弃恶扬善，以调整人与人之间以及个人与社会之间的关系。

人们常说：德才兼备是精品，有德无才是次品，无德无才是废品，无德有才是危险品。

什么是德？德就是人的品行，是在真善美的价值观指引下形成的个人秉性与良知。

人可以没有学历，但不可以没有良知；可以技不如人，但不能道德败坏。单纯地拥有知识不一定就是人才，单纯地拥有技术也未必成为人才。

未来社会对人才的需求不是唯知识和技能，而是积极的心理和正确的人生价值观，价值观教育恰恰是当前各类教育最薄弱的一环。

【案例 1】

在一次讨论会上，一位著名的演说家手里高举着一张 20 美元的钞票，向会议室里的 200 多人发问：“谁要这 20 美元？”一只只手举了起来。他接着说：“我打算把这 20 美元送给你们中的一位，在这之前，请准许我做一件事。”

他说着将钞票揉成一团，然后问：“谁还要？”仍有人举起手来。

他又说：“那么，假如我这样做又会怎么样呢？”他把钞票扔到地上，又踏上一只脚，并且用脚碾它。随后，他拾起钞票，钞票已变得又脏又皱。问大家：“现在谁还要？”还是有人举起手来。

他大声疾呼：“朋友们，你们已经上了一堂很有意义的课。无论我如何对待这张钞票，你们还是想要它，因为它并没贬值。它依旧值 20 美元。”

人生路上，我们会无数次被自己的决定或碰到的逆境击倒甚至碾得粉身碎骨。

我们总觉得自己似乎一文不值。但无论发生什么，或将要发生什么，在上帝的眼中，我们永远不会丧失价值。

肮脏或洁净，衣着齐整或不齐整，我们依然是无价之宝。生命的价值不依赖我们的外表，而是取决于我们的内心！这就是我们独特的人生：永远不要忘记这一点！

【分析】

价值观是人们用来评价行为、事物以及从各种可能的目标中选择自己合意目标的准则。价值观通过人的行为取向和对事物的评价、态度反映出来，是驱使人们行动的内部动力。

【案例 2】

保尔·柯察金残废后，毫不灰心，依然顽强学习、努力工作并且开始了文学创作，后来，又不幸双目失明。对于已经瘫痪的人来说，这是一场多么沉重的打击呀！

可是，保尔·柯察金毅然拿起笔来坚持写作，每写一个字，他都需要付出极其艰苦的劳动。

经过顽强的努力，保尔·柯察金终于成功地写出了小说《在暴风雨里诞生》。

保尔·柯察金只是一个普通的战士，竟有比钢铁还要坚强的意志，这是什么力量在鼓舞着他呢?

是那最伟大、最壮丽的共产主义事业在召唤着他创造奇迹，激励他顽强地与疾病作斗争。

钢铁是怎样炼成的?人生就如同炼钢!没有什么东西是与生俱来的，“铁”变成“钢”，只有一种途径——炼!

有人说保尔·柯察金是天生的英雄，其实，在这个世界上没有天生的英雄。

保尔·柯察金之所以能够成为英雄，虽说有外界的动力，但是与自身的努力息息相关。

在战火纷飞的战场，面对生与死的考验，他没有后退；在疾风暴雨的建设工地，面对常人难以忍受的劳动强度和饥寒，他没有倒下；在双目失明、疾病缠身的情况下，面对书稿丢失、身体每况愈下的无情打击，他仍没有屈服，终于从一个出身贫苦的少年，成长为一名具有崇高理想、高尚品格和顽强作风的共产主义战士。

【分析】

保尔·柯察金的故事告诉我们：学校、家庭、社会等群体对个人价值观念的形成起着关键的作用，对其他环境也有重要的影响。个人价值观有一个形成过程，它是随着知识的增长和生活经验的积累而逐步确立起来的。

个人的价值观一旦确立，就会形成一定的价值取向和行为定式，它会给人无穷的力量，成就伟大的事业。

认知：

理解：

做件什么事	怎么做的	做中的感悟

准备：

学会做：

品德培养要从尊重开始

孩子无烦无恼，无忧无虑，想哭就哭，想笑就笑。委屈就哭它个眼泪鼻子一把抓，高兴就笑它个前仰后合，不顾忌什么形象不形象，面子不面子。这是孩子的天性，是孩子们自己的世界，正是这种天性决定了孩子的天真烂漫。

孩子们待人接物无比真诚、童叟无欺、贫富不拘。在一起玩耍时不分大小、一视同仁，处事豁达大度，从不计较得失，三分钟以前小家伙们还舌剑唇枪，恨不得把对方一口吞下去，转眼间就和好如初，亲密得如同一家人一样，没有丁点儿作假和作秀的姿态。做错了事，不顶不撞，吐个舌头，耍个鬼脸，逃之夭夭，完事大吉。特别有趣的是，他们如果想要个什么东西从来不直说，总是绕个弯儿让你上圈套，有时给你的感觉是：人小鬼大，真难招架。

孩子在自己美好的世界里活得实在、洒脱、轻轻松松、自由自在，过着快活、幸福的童年生活，就是因为玩耍是他（她）们的特权和专利，每当孩子们聚到一起玩耍时，总是花样翻新、异彩纷呈，无论玩什么都能玩出兴致来，如踢毽子、捉迷藏、过家家等，陶醉其中，以至于达到忘我的境界。

父母尊重孩子的美好世界，就要具备正确的“育子观”：

（1）孩子是可爱的，是父母的好朋友。

（2）孩子是会成功的，只要努力就能走向成功。

（3）孩子有一颗向善的心，渴望阳光的照耀，希望自己成为一个优秀的人，正面教育始终是教育的主要方向。

（4）孩子身上有亮点，是一座挖掘不尽的宝藏。

（5）孩子是一支可以点燃的火把，不是一个盛放知识的容器，能否点燃这支火把，关键是看你用什么方法。

【案例 1】

姥爷和轩轩玩得很开心，经常被她的笑声、热情、专注、执着所感动。

轩轩喜欢用肥皂水吹泡泡，一吹就是半天，一点儿也不烦，也不累。

记得有一次，姥爷禁不住要和轩轩一起比着吹泡泡。

吹着、吹着肥皂沫突然变幻出一个奇异的景色。

轩轩对姥爷说："姥爷，你看我吹的泡泡好像一道彩虹。"姥爷惊呆了：一股股的肥皂泡居然变幻出一个五彩缤纷的世界。一串串彩珠抛向空中，五颜六色，生生不绝，轩轩欢快地连吹带叫："我吹了一个小碗""我吹了一口小锅""看看看，一个西红柿""快快快，一个大西瓜""好大好大一个葡萄串，够全家人吃一天""可爱的小公鸡，想往天上飞呢"。轩轩说着、吹着，沉浸在幻想中……

泡泡越吹越多，吹了谢，谢了再吹，吹什么是什么，吹什么成什么，一瞬间，轩轩吹的泡泡好像比孙悟空的"七十二变"还神奇：一朵朵牡丹花、一簇簇玫瑰花争相怒放，很快凋谢了，轩轩丝毫感受不到凋谢的不快，花开也喜，花落也乐……吹着吹着轩轩欢快地叫起来："我们有房子住了，有房子住了！”那份欣喜、那种自豪直让人喉头发热，这哪里是在玩，分明是在想象、在联想、在创造一个新的生活环境，在构想一个未来，在给明天一份承诺！

轩轩四岁的时候，有一次，她突然问姥爷：“姥爷你怎么在银行里藏钱啊？”姥爷随口说：“不知道。”

可没想到她把小嘴噘得高高的，生气地对姥爷说：“姥爷是坏姥爷，是骗人的姥爷，咱家的钱让你‘藏’到银行里了？还说不知道！”

【分析】

“玩”使孩子更加活泼可爱，在玩的过程中，他们不断地增长知识，增长才华，一个“藏”字用得多么绝妙，多么传神啊？孩子的语言丰富多彩，简洁、明快、生动、有趣。

【案例2】

小外孙女轩轩三岁时，看见花败了伤感地告诉姥爷说：“花儿灭了。”姥爷要她纠正这个说法，她执拗地反问姥爷：“电灯能灭，花儿怎么就不能灭呢？”

在孩子的心目中，“灯”与“花”是一样美丽的，姥爷被孩子奇异的想象语言深深感动了。

当然，孩子的语言中还有很多更加简洁、明快、生动、有趣的案例，只要我们父母注意保护和搜集，就会发现：孩子的语言比大人更简洁、明快、生动、有趣。

【分析】

“尊重”使孩子的世界五彩缤纷，几乎每个孩子都非常留恋童年的世界，作为父母我们一定要保护好“孩子的童年”，让孩子在这种“自由”的世界中，更加快乐地成长。

认知：

理解：

做件什么事	怎么做的	做中的感悟

准备：

学会做：

对孩子要实施“六大解放”

以陶行知早年提出的“对儿童的六大解放”为指导，解放孩子的大脑，鼓励孩子独立想问题；解放孩子的双手，做到手脑并用；解放孩子的眼睛，让孩子放眼世界；解放孩子的“嘴”，让孩子能说，敢说；解放孩子的时间，让他们有充分的时间，了解大自然，在生活中获得教育；解放孩子的空间，让孩子接触社会，了解社会，做好改造社会之准备。

1. 解放头脑，发展思维、记忆等能力

陶行知把解放头脑形象地比喻为“天”，并指出大脑“是思想之物质基础”，要“解放头脑，撕掉精神的裹头布，使大家想得通”，让孩子的“特殊才能得以发展而不致枯萎”，增强其思维能力和“用科学方法解决问题的能力”。

2. 解放双手，发展操作、实践等能力

人的各种感官中，唯独“触觉的器官是处在主动的地位”。“被动的力，比不上自动的力；头脑的力，比不上手脑并用的力”，将双手和头脑的血脉联通起来，“使人人都有用脑筋变化过的手”。

3. 解放眼睛，发展观察、注意等能力

人的“两只眼睛，便是天文镜”，易受各种主、客观因

素的遮掩和制约，事实和真理往往不是直观、明显的，而孩子的学习任务却笃定不移，难度也不会因此而削减。所以，我们必须让孩子“能看”，“解放眼睛，敲碎有色眼镜，教大家看事实、揭真相、明至理”。

4. 解放嘴，发展提问、表达等能力

要让孩子“能谈”，就必须“解放嘴，使大家可以享受言论自由”。“小孩子有问题要准许他们问。从问题的解答里，可以增进他们的知识”，并注意指导他们提问的技巧。“说话的能力是生成的”，需要解放嘴和其他与之有密切关系的感官，各个器官都练习了，孩子也就能写、能认、能读了，表达就会更流利、顺畅了。

5. 解放空间，发展想象、创造等能力

要把孩子“从文化鸟笼里解放出来，飞进大自然大社会去寻觅丰富的食粮”，这是陶行知关于解放空间的阐述。空间放大了，才能各学所需，各尽所能，“使他们的歌声，在宇宙中飘荡”。

6. 解放时间，发展个性、策略等能力

“时间的解放是顶急需的解放。”陶行知婉劝教职员，对孩子“不逼迫他赶考，不和父母联合起来在功课上夹攻，要给他一些空闲时间消化所学，并且学一点他自己渴望要学的学问”；“让他做有意思的活动，发展他的天才”。“没有时间便看不清楚，没有时间便想不明白”，让孩子“慢慢

地走，然后才能吸收沿途中所接触的事物、所欣赏的风景”，使他们成为真正“活的小孩”。

【案例1】

小虎的父母在实施对孩子的“六大解放”时，感觉到：“六大解放”实质上蕴含对孩子百千的解放。

在孩子学习能力培养上，“六大解放”不是一维的，而是多维、复向的，如“做学教合一”，在很大程度上就是在探究如何解放“教”、解放“学”、解放“做”，解决“做学教”分家的问题，在寻觅如何解放“行动”、解放“独学”、解放“困思”，解决“读死书”“死读书”“读书死”的顽瘴痼疾的治学路上，凸显了“生活即教育”的根本意义，在“生活与生活的摩擦”中生发孩子的能力。“社会即学校”解放了孩子的“世界”，让孩子开阔了视野，在社会这个大学中搏击成长……如此多的意蕴，对于小虎的父母既是宝贵的启迪，更是温慈的鞭策。

【分析】

小虎的父母对小虎的解放不是自发的，也不是现成的，而是小虎的父母洞悉教育内外的有利条件和制约因素，贴近小虎的生活，不断探寻每一个解放的意义、所需条件、努力要素和实现途径，把成熟的办法馈赠给成长中的小虎，“解放”他的心智，发展他的能力，促进他的成才。

【案例 2】

一脉的爸爸在谈到对孩子的“六大解放”时，这样写道：陶行知提出的“六大解放”里，有“孔子岂故为拒绝哉？亦以业有专精，事有专习”的尚精式解放；有“邑号朝歌，墨翟回车”的自律式解放；有“真虎必有风”的期冀式解放；有“赫耳巴忒……凡所建树，皆根本于试验”的探索式解放；有“牛顿小的时候，并不聪明，可见小孩子的时代，很难看得出哪一个是天才的儿童”的激发潜能式解放；有“学爱迪生……必得像他一样在电气实验上亲自动手去做，用脑去想”的手脑相长式解放……

陶行知论及中外许多杰出的教育家、思想家、科学家的学习能力、培养思想及其学习成长的事迹，使陶行知的教育思想具有了更大的延展性和融汇性，使“六大解放”穿越了历史的时空，跨越了社会科学和自然科学的界限，也使“六大解放”的对象涵盖几乎所有的求学者。

【分析】

陶行知提出的“六大解放”里，学习内容要我们做的工作很多，但是，目前不断出现的各种培训班，大多是列举式、故事式甚至是附会式的演示，对发展孩子的学习能力难见显效。

作为孩子的父母，理应主动以陶行知丰富精深、博采众长、动态开放的教育思想为主，结合教育学、心理学的科学理论，去实验、研究、开发出科学、严谨而实用的培养方法，更畅顺地发展孩子的学习能力、生活能力、建设能力，并以此为支点，继承、光大陶行知的“生活教育”学说，推动今天的素质教育改革与和谐社会建设。

认知：

理解：

做件什么事	怎么做的	做中的感悟

准备：

学会做：

突破“常规”走向“创造”

人们常说：“在平凡的岗位上干出不平凡的业绩。”固然令人动容，平凡小事里也有大文章可做。

大家都在做的事情，如果没有出色的做法，没有闪光的亮点，没有突出的成绩，就彰显不出不平凡的地方。

“把常规做到极致就是创新”，这句看似平淡无奇的话，却饱含丰富的哲理，也蕴含最朴实、最真实、最扎实的教育理念。

俗话说：“做一件好事容易，做一辈子好事难，终生只做好事不做坏事更难。”比如帮助一次孤寡老人，拾到东西交给失主，这种助人为乐的事情，我们每个人可能都做过一件或两件，但是要像雷锋那样“出差一千里，好事做了一火车”，却不是常人力所能及的。雷锋从小事做起，从细节入手，把这样的小事情做到了极致，人人敬佩他，世世代代学习他。

陶行知说：“处处是创造之地，天天是创造之时，人人是创造之人。”创新是人的本能，创造是人的天赋。

人的创造天赋取决于四个要素：好奇心、开放、风险和能量。

好奇心是指提出问题并产生持久的兴趣。如孩子遇事爱问“为什么”或“否则会怎样”等。

开放是指灵活的思考，对新事物持积极的关注态度。

风险是指敢于走出自己的舒适区，开辟一条新路的勇气。

能量是指做事的动力和渴望，并将热情融入其中，浑身好像有使不完的劲。

【案例 1】

古时候七岁的司马光急中生智，留下一段“砸缸救人”的千古佳话。

有一天，司马光跟小伙伴们在后院里捉迷藏。

院子里有一口大水缸，有个小孩便爬到缸沿上玩，一不小心，掉到了缸里。

缸大水深，眼看那孩子快要没命了。别的孩子们一见出了事，有的吓得大哭，有的跑到外面向大人求救。

司马光急中生智，从地上捡起一块大石头，使劲向水缸砸去，“砰！”水缸破了，缸里的水流了出来，里面的小孩也得救了。

【分析】

“砰！”水缸破了，缸里的水流了出来，里面的小孩也得救了。这就是“创造”，司马光急中生智，用“砸缸”的办法“救人”，看似破坏，实则突破了常规，创造了办法。

【案例 2】

有一天，小外孙从幼儿园回来，对姥爷说：“老师在初中班的黑板上随便地画了一个粉笔点，问大家这画的是什么？”全班同学大眼瞪小眼，就是回答不上来，好长一段时间才有一个孩子小声地说了句是个粉笔点。

后来，还是这个粉笔点出现在学前班的黑板上时，这个小小的班级霎时间炸开了锅，孩子们跃跃欲试地回答，40个孩子回答出40个答案。是小雨点、是小石子、是泪水、是汗滴、是乌鸦的眼睛、是公鸡眼睛上的小黑点、是没有尾巴的小蝌蚪……这些幼小的孩子思维多么开阔啊！

还有一天，小外孙说："一个孩子牵一只羊上街，又把羊牵了回来，孩子手里便有了钱，这钱是怎么来的呢？"

姥爷一时间答不上来。小外孙说："把羊身上的毛剪掉卖钱。"姥爷连连叫好说："对。"

想不到女婿又爆冷门说："我既不剪羊毛，还要赚钱回来。""这可能吗？"姥爷摇着脑袋问小外孙还有什么高招。

小外孙说："可以让羊跳舞啊！收看表演人的钱。"姥爷说："羊'大笨蛋'一个，什么也表演不了，这个办法赚不了钱。"

小外孙却不紧不慢地说："那我可以训练呀！小狗能算数，熊能走钢丝，为什么羊就不能学跳舞呢？"是呀，这是多么完美的答案啊！

【分析】

"小狗能算数，熊能走钢丝，为什么羊就不能学跳舞呢？"联想出新的"创造"，这就是"发明"。

认知：

理解：

做件什么事	怎么做的	做中的感悟

准备：

学会做：

孩子需要修炼的六个核心品格

社会需要孩子修炼快乐、主动、认真、正直、热忱、孝敬这六个核心品格。

（1）快乐是孩子充满活力的状态，能激发生命的激情。

快乐是孩子生活中的一种能量，也是一种能力。具有快乐品德的孩子看上去很阳光、欢乐，动作敏捷，笑声清亮，不沉闷、不自闭，蹦蹦跳跳，喜欢与人交流对话。

父母要消除孩子负面的情绪，就要塑造好孩子的这种能力，让孩子从小塑造快乐的品格，内心充满积极向上、追求快乐、养成快乐的性格。

（2）主动就是做事，不拖拉，不懒散，听到指令立即行动。

孩子主动不仅自己愿意做事，还会帮助别人做事，不管是对待父母的要求，还是对待教师布置的学习任务，孩子都能主动做好。

（3）认真就是处处专心，按照要求去做，不随意。

做事细心、不粗糙，对于别人交办的事情立刻动脑筋去做。比如，吃饭要认真，细嚼慢咽，不一边吃一边玩；看书的时候要认真，加深记忆，提醒孩子要仔细一些；当孩子做家务的能力时，要耐心教导孩子承担一定的家务，让孩子知道有些家务只要认真做，就会得到更大的好处。

（4）正直是培养孩子坚持说真话，建立正确的是非观，不轻易附和别人。

正直的品格是有感染力的，因为正直容易换取别人的真诚，更容易被小伙伴接受和信任。

一个没有正直品格，对人喜欢撒谎的孩子，一旦被识破，不仅会被小伙伴排斥，而且会因为各类不正直的表现，无法获得伙伴的认同和交流。

（5）热忱是指对人热情大方，不小气，喜欢小朋友来家里一起玩，喜欢帮助小朋友。

（6）孝敬老人是一种感恩的理念，中国人有“百善孝为先”的传统习惯，让孩子从小懂得感恩，懂得回报父母是教育者的重要职责。

【案例 1】

在很早以前，有一个孩子很不孝敬爹娘，爹娘没有办法，只好找孩子的舅舅。舅舅是个放羊倌，每天在山坡上放羊。他虽然没有文化，但对子女的教育却很有办法。他对孩子的爹娘说：“把外甥交给我吧，过一段时间他会回心转意，成为孝敬父母的好孩子。”

第二天，孩子的爹娘把孩子送到了舅舅家。舅舅见了外甥，既不骂，也不打，二话没说，把一只羊鞭递给了外甥。

六月的一个晌午，太阳像火球一样烤着山坡，鸟儿都藏在树荫里不出来了。舅舅也把外甥带到一棵大树下乘凉。这时，有几只小鸟在炎热的太阳下飞来飞去。外甥问舅舅：“这几只小乌鸦不怕热吗？它们不停地飞来飞去忙什么呢？”舅舅指了指大树上的鸟窝说：“估计鸟窝里有一只老得飞不动的乌鸦，正仰着头、张着嘴，等小乌鸦一口一口地喂食呢。

要是没有这些懂事的小乌鸦喂它，它会饿死的。这就叫‘乌鸦反哺’。”外甥在一边听了，默默地低下了头。

又有一天，舅舅和外甥在羊圈里摆弄几只小羊羔。

外甥看见小羊羔都是跪着吃奶，感到奇怪。他就问舅舅：“小羊羔为什么总是跪着吃奶？”舅舅坐在一块石头上，讲述羊羔跪乳的来历：很早以前，一只母羊生了一只小羊羔。羊妈妈非常疼爱小羊，晚上睡觉让它依偎在身边，用身体暖着小羊，让小羊睡得又熟又香。白天吃草，又把小羊带在身边，形影不离。遇到别的动物欺负小羊，羊妈妈用头抵抗保护小羊。

一次，羊妈妈正在喂小羊吃奶。一只母鸡走过来说：“羊妈妈，近来你瘦了很多。你吃的东西都让小羊吸收了。你看我，从来不管小鸡们的吃喝，全由它们自己去捕捉。”羊妈妈讨厌母鸡的话，不客气地说：“你多嘴多舌搬弄是非，到头来要犯下被拧脖子的死罪，还得挨一刀，对你有啥好处呢？”气走母鸡后，小羊说：“妈妈，您对我这样疼爱，我怎样才能报答您的养育之恩呢？”羊妈妈说：“我什么也不要你报答，只要你有这一片孝心就心满意足了。”

小羊听后，不觉流下泪，扑通跪倒在地，表示难以报答慈母的一片深情。

从此，小羊每次吃奶都是跪着。它知道是妈妈用奶水喂它长大的，跪着吃奶是在感激妈妈的哺乳之恩。

【分析】

“孩子不孝敬爹娘”，父母让孩子观察“小羊吃奶”感化孩子，让孩子意识到：孩子要感恩父母。用“小羊每次吃奶都是跪着”，这个孩子目睹的案例，启发孩子如何孝敬父母，教育方法生动有趣，在孩子的心灵中牢牢地种下了要孝敬父母的理念。

【案例2】

西汉初年有一个叫季布的人，他特别讲信义。只要是他答应过的事，无论有多么困难，他一定要想方设法办到。当时还流传着一句谚语：得黄金百两，不如得季布一诺（意思是得到一百两黄金，也不如得到季布的一个承诺）。

后来，刘邦打败项羽当上了皇帝，开始搜捕项羽的部下。因为季布曾经是项羽的得力干将，刘邦下令，只要谁能将季布送到官府，就赏赐他一千两黄金。但是，季布重信义，深得人心，人们宁愿冒着被诛灭三族的危险也为他提供藏身之地，谁也不愿意为赏赐的一千两黄金而出卖他。

有个姓周的人得到了这个消息，秘密地将季布送到鲁地一户姓朱的人家。

朱家很欣赏季布对朋友的情义，将季布保护起来。还专程到洛阳去找汝阴侯夏侯婴，请他解救季布。

夏侯婴从小与刘邦很亲近，后来为刘邦建立汉王朝立下了汗马功劳。他也很欣赏季布的信义，在刘邦面前为季布说情，终于使刘邦赦免了季布。不久，刘邦还任命季布做了河东太守。

【分析】

故事说的是季布为人正直，深受众人喜爱。夏侯婴具有诚实守信的美德，不图钱财，为人诚信。提示我们：在人与人的交往中要言而有信，一诺千金，否则不兑现自己的承诺，失信于人就会产生信任危机，失去朋友。

认知：

理解：

做件什么事	怎么做的	做中的感悟

准备：

学会做：

父母的言行将影响孩子一生

当下，家庭教育普遍存在着重智育，轻德育；重理论，轻实践；重身体，轻心理；重言教，轻身教。

父母留给子女最好的礼物到底是什么呢？不是给孩子多少存款，更不是留给孩子多少股票，而是让他们受到良好的教育，养成良好的习惯，具备良好的思想品德，掌握必要的科学技术知识，并使之终身受用。

孩子良好的生活习惯要从参加简单的家务劳动抓起；品德培养要从孝心抓起，要重视孝敬父母、尊敬师长、关爱他人的教育。

父母要教育孩子做人做事，不能目中无人，只想自己。

礼貌待人既是外在的，更是内在的；既是对别人的尊重，也是对自己的尊重。

孩子生活能力的培养要从小事抓起，养成良好的习惯。要让孩子贴近自然，珍爱环境；贴近亲人，培养爱心；贴近生活，脚踏实地；贴近书籍，增长才干。

家庭教育的目的是立德树人、保教结合、重在养成。立德树人不只是学校的任务，也是父母的任务。

立德就是要在思想政治教育、道德品质教育、心理健康教育上下功夫；树人就是要教给孩子学会做人、学会生活、学会劳动、学会学习、学会审美、学会鉴定，这是家庭教育的根本任务。

家庭担负着保育和教育的双重责任。

保育一则要促进孩子身体正常发育，促进孩子各个器官的协调发展；二则要促进孩子德智体美全面发展，在保育的基础上进行教育，在教育的基础上提升保育。

在家庭教育中：一是要教育孩子养成祖国至上、民族至上的思想感情；二是要树立自觉遵守社会公德的意识；三是要培养孩子有良好的心理素质，教育孩子既能经得起成功的喜悦，又能经得起失败的教训，苦辣酸甜都有营养，成功与失败都是财富。

父母的职责可以用“信心、兴趣、尊重、习惯”这八个字来概括。

要让孩子相信自己会成为一个成功者，只要努力拼搏进取奋斗就一定能成为人才。

每个孩子都有自己的兴趣爱好，如很多男孩子喜欢打仗，喜欢兵器；很多女孩子喜欢过家家，喜欢布娃娃等。父母就要善于观察，及早发现他（她）们的兴趣，并加以培养，使孩子更快地成长。

要尊重孩子，爱护孩子，平等地对待孩子，尊重孩子人格，尊重孩子的情感，尊重孩子的隐私，尊重孩子的差异。如果在家庭中没有了尊重，就没有真正意义上的教育。

好的习惯主要是在家庭里养成的。

中国有句谚语：“养成好习惯是一辈子用不完的存款，养成坏习惯是一生中还不起的债务。”

父母要想让孩子做到的事，自己要首先做到，要求孩子不要做的，父母首先不要做。

家庭无小事，父母无小节，父母处处要做孩子的楷模；家庭成员之间应当平等，相互关心；要多给孩子一些父爱，父亲在家庭中要赋予孩子顽强拼搏、刚毅的品质。

在家庭中精神比物质更重要。孩子更需要的是父母的陪伴，需要更多的时间和父母在一起活动，这是任何物质都代替不了的。

父母在孩子面前只能保持一个声音，不同意见可以私下交换。

父亲要在孩子面前多夸母亲，树立母亲的威信，母亲在孩子面前要多树立父亲的威信，只有这样的家庭教育才能发挥应有的作用。

孩子一生的成长离不开家庭，我们看得见的家庭教育是从孩子一来到人世间就开始的，他们在父母的呵护下与父母有一种与生俱来的血肉情感，又加上孩子的模仿能力强、可塑性大，把父母当作最亲近、最可信赖的人作为榜样去效仿，以父母的做人标准去做人，以父母的眼光去接受世界，于是便有了“有其父必有其子”“一个好孩子必定有一个好母亲”“一个好父亲胜过一百个好校长”的说法。

【案例 1】

有一次，小筱的爸爸利用豆子、纽扣、硬币和豌豆等跟孩子玩数数游戏，发现孩子从此对数学产生了兴趣。

孩子爱提问，小筱的爸爸从来不打击孩子的积极性，有问必答，从小就教孩子将一些字组成词语，教孩子学会用字典等工具书。

除了教导孩子，小筱的爸爸还能做到在家里不在孩子面前说脏话，不抽烟、喝酒和打牌等。

孩子学习的时候，坚持不看电视，常在孩子面前读报纸，看书学习等，在孩子的心中树立了“终身学习”的信念。

【分析】

家庭是最基本、最小的教育单位，先有家庭教育，后有学校教育，孩子在家庭生活里的时间远远大于在学校的时间。孩子的健康成长往往凝聚着一个家庭几代人的期望。把孩子教育好了，父母比什么都高兴。

【案例 2】

古时候有个孩子叫孙元觉，从小孝顺父母、尊敬长辈，可他父亲对祖父却极不孝顺。

一天，他父亲忽然把年老病弱的祖父装在筐里，要把他送到深山里扔掉。

孙元觉拉着父亲，跪着哭求不要这样，但父亲不理。他猛然间灵机一动，说：“既然父亲要把祖父扔掉，我也没办法，但我有个要求。”父亲问什么要求，他说：“我要把那个筐带回来。”父亲不解道：“你要这个干什么？”“因为等你老了，我也要用它把你扔掉。”父亲一听，大吃一惊：“你怎么说出这种话！”孙元觉回答：“父亲怎样对待祖父，儿子就会怎么样对待父亲。”父亲想了想，当即改变了主意，把老人接回家继续赡养。

【分析】

家庭是孩子的第一所学校，父母是子女的第一位教师，而且是永恒的教师。父亲怎样对待他的父亲，孩子就会怎样对待自己的父亲，要孩子孝敬父母，父母首先要孝敬自己的父母。把孩子教育好了，父母同样受益（图1）。

认知：

理解：

做件什么事	怎么做的	做中的感悟

准备：

学会做：

本章复盘

◎ 小问题

回答下面的问题，帮助你理解对孩子的品德进行教育在家庭教育中的必要性。

1. 对孩子进行品德教育的目的是什么？

2. 对孩子进行品德教育首先要做到什么？

3. 对孩子进行品德教育的步骤是什么？

4. 对孩子进行品德教育有哪些要注意的环节？

5. 对孩子进行品德教育有什么效果和表现？

6. 对孩子进行品德教育和掌握知识应该如何区别？

7. 对孩子进行品德教育的方式不同，效果有什么不一样？

8. 对孩子进行品德教育的问题有哪些？

如何做更好的父母

◎收起你的懦弱，摆出你的姿态，重视起对孩子的品德教育，不要打击孩子的积极性！

◎就算周边的人（含家庭成员）都否定孩子，你也要相信孩子，不要管别人的看法。

◎ 孩子的能力是通过对孩子的品德教育培养的，要相信，世上本没有做不到的事，只有不做，才适得其反。

◎ 不管孩子如何，都可能不被欣赏，总有人认为他不够好，不管别人怎么看，你都必须注意培养孩子的优良品德！

“管理好自己”思考题

【反向思维】

◎ 对孩子进行品德教育没有用，孩子就是不愿意学习！

◎ 进行孩子的品德教育到位了，孩子还是不好好学！

◎ 我对孩子的品德教育，道不同不相为谋！

◎ 进行孩子的品德教育不到位，反而被别人瞧不起！

【正向思维】

◎ 对孩子进行品德教育之后，家庭和睦了！

◎ 对孩子进行品德教育之后，孩子的能力提高了！

◎ 对孩子进行品德教育之后，父母与孩子相处更融洽了！

◎ 对孩子进行品德教育之后，父母与孩子的误会没有了！

与心对话

每日一问：

家庭生活中总有一些磕磕绊绊的冲突点，很多事情都需要对孩子进行品德教育，你面对这些问题是怎么解决的？你身边的家庭又是怎么处理的？

请将在家里看到的记录下来：

陶行知说：有人学得很快，有人却学得既慢又辛苦，原因何在？其关键即在学习不懂得使用方法。认知到学习有其方法，经常演练这些方法使之成为习惯，学习将会又快又透彻，能力、知识的成长也就会加速。

品德比分数更重要

- 学习是一种品德的修炼
- 要自尊必须先自立
- 要掌握正确的学习方法
- 不能用考试分数替代修养
- 学习能力是品德形成的基础
- 学习的十二种“核心能力”
- 孩子从小要形成的十五个关键品格
- 对孩子学习能力的测试

学习是一种品德的修炼

在学习能力的内涵中，我们将能力区分为学习能力、执行能力、职业能力和专业知识四类，其中，学习能力是其他能力的基础。

学习能力一般是指人们在正式学习或非正式学习环境下，自我求知、做事、发展的能力。

孩子的学习能力是通常所说的“会学”的能力。孩子只有“会学”，才能实现“学会”，才能不断提升自己的学习能力。

一般的学习能力是在多种活动中表现出来的，如观察力、记忆力、抽象概括能力、注意力、理解能力等。这些能力的形成过程，就是孩子的一种品德修炼，让孩子通过观察和参与新的体验，把新知识融会贯通，从而改变已有的知识结构，具备了搜集、阅读科技文献以及熟练使用学习工具的能力，这种能力就是一种品德。

【案例 1】

科学家丁肇中用六年时间读完别人十年的课程，最后终于发现了“J 粒子”，他是第一位获得诺贝尔奖学金的华人。

记者问他：“你如此刻苦读书，不觉得很苦很累吗？”

丁肇中回答：“不，不，不，一点儿也不，没有任何人强迫我这样做，正相反，我觉得很快活。因为有兴趣，我急于要探索物质世界的奥秘，比如搞物理实验，因为有兴趣，我可以两天两夜，甚至三天三夜待在实验室里，守在仪器旁，我急切地希望发现我要探索的东西。”

就是这个“兴趣”使丁教授从事的反物质、暗物质研究形成了一个“创举”，揭示了宇宙产生的根源，对人类做出了巨大贡献。

【分析】

在学习中不断地寻找兴趣，让兴趣引导学习，是提升问题解决能力的关键，在解决实际问题的过程中，有助于确立稳定的兴趣。用学得的知识解决实际问题，是学习最关键的能力，一则能巩固知识；二则能修正知识；三则能带来自我成功的喜悦情绪。这种喜悦情绪是建立稳定持久兴趣所必需的要素。

【案例 2】

“三人行，必有我师。”大教育家孔子是个善于学习的人，他勤思好学，不耻下问。

有一次，孔子和学生们正在赶路，忽然一个小孩子拦住了他们的去路。原来，这个小孩子正在路上用砖瓦石块垒一座“城池”。孔子叫那个小孩让路，小孩却说：“这世上只有车绕城而过的，还没有把城池拆了给车让路的。”

孔子想了想说：“是啊，怎么能把这孩子摆的城池当成玩具呢？我们想从这条路上过去，可孩子不这样想啊。我一直倡导礼仪，没想到这次让孩子给问住了。”

【分析】

“三人行，必有我师焉”这句几乎是家喻户晓的话，出自《论语·述而》。原文是：“三人行，必有我师焉。择其善者而从之，其不善者而改之。”意思是：三个人同行，其中必定有我的老师。我选择他好的方面向他学习，看到他不好的方面就对照自己，改正自己的缺点。这句话，正表现出孔子自觉修养、虚心好学的精神。

认知：

理解：

做件什么事	怎么做的	做中的感悟

准备：

学会做：

要自尊必须先自立

自立是不依赖他人、充分发挥自己的潜能、克服困难、依靠自己努力做事的精神品质。

自尊必须先自立，即通过努力使自己获得比较全面的发展。

当人有了自尊，才能促使人自律、自立、自强。

对于正处在人生发展关键时期的孩子来说，养成自尊、自立的精神意义非凡。

关心和同情是产生自立的前提条件。

关心就是要对人给予关爱，只有关爱之心才能了解他人的真实心理、真实情感、真实需要。

关心是爱的基础。对孩子漠不关心的父母，常用“冷漠”和“无情”的面孔面对孩子，结果，和孩子的内心只能越来越远。

只有富有爱心的父母，才能用真情实感感化孩子，使孩子自觉不自觉地接受你、尊重你的帮助。

【案例】

一位家住珠海的高中生和朋友去海边玩儿，妈妈是某高校教师，刚接到一位家长致电学校“女儿失踪”的消息，担心孩子驾车途中不安全，便要求孩子在往返途中每小时给她发一次短信，孩子感觉自己的行动受到了限制。

还有一次更是让孩子尴尬，自己报名参加了一个物联网编程项目，妈妈便给负责这个项目的负责人说：儿子参加这个项目的学习，她心里一直忐忑不安，原因是她给儿子打了几个电话，儿子一直不接，自己是通过GPS定位得知儿子在这个项目里学习的。

妈妈担心儿子的安全，却在孩子与户外活动之间筑起了一道屏障，试想：孩子一天天长大，父母不可能片刻不离地守着孩子。

把孩子培养成独立的人是家庭与社会的共同要求，社会环境中的自我管理和独立意识，对孩子来说十分重要，也是必须养成的生活技能。

【分析】

父母们是否应该扪心自问：我们究竟希望孩子达到怎样的目标？孩子在学习和掌握生存技能时，我们应当如何保护他们？如何教他们自己的事自己做？

认知：

理解：

做件什么事	怎么做的	做中的感悟

准备：

学会做：

要掌握正确的学习方法

学习方法运用得愈熟练，甚至进一步将其内化为习惯，才能提升学习能力。有学习能力的孩子不仅有宽泛博学的知识，还会运用和掌握学习方法，树立终身学习的理念并与时俱进。

孩子的学习能力往往决定了孩子竞争力的高低，也正因为如此，无论对孩子还是父母，唯一持久的优势就是有能力比对手学得更多更快。

管理大师德鲁克说："真正持久的优势就是怎样去学习……"

学习也是一种提升生存能力的表现，通过不断地学习，专业能力得以不断提升以解决遇到的新问题，所以无论处于职业生涯的哪个阶段，都不应该停止学习。因为在职业生涯发展中，需要胜任工作的能力和能够迅速取得新能力的方法。

为了求生存和求发展，每个孩子都需要不断学习那些本能没有赋予他的生存技术，而要取得新的生存技能就必须不断学习。

如果停止学习，必定会落后于人，而在当今社会里，落后就会被淘汰。

【案例 1】

好的学习方法，是通向成功的捷径。

"学而时习之"讲的就是方法。

"上课要认真听讲，课前要预习，课后要复习，要学会整理、归纳，融会贯通，举一反三。"是张师傅在家中经常对孩子说的话。

每天晚上睡觉前，张师傅的孩子总把英语单词过一遍，把一天下来的学习重点复习一遍，才安心地睡觉。

在一次期中考试时，他的试卷中的主观题正确率较高，而填空题、选择题错误较多，张师傅就对他说，问题在于对书中的基本概念还没有掌握清楚。孩子听了以后，认真复习，反复看书，还要求张师傅向他提问题，张师傅一边看着他的书，一边提问题，孩子总是对答如流。

善于归纳是张师傅教育孩子学习方法上的重要一点，孩子对各科的学习，都能注意整理、归纳。

孩子问老师问题时，要在经过深入思考后，疑惑不解时，才去问，平时很少问老师这一题怎么做，那一题怎么做，有时会问：这一部分与那一部分知识的区别和联系是什么。

有一次，在课堂上问数学老师指数函数和对数函数的区别是什么，联系是什么，当时老师可能感到一两句话难于讲清楚，结果就在第二天的课堂上，用了一堂课的时间，讲了这个问题，并表扬了孩子发问有水平。又如，在物理课学习"自由落体运动"一节后，听老师讲了物体在运动中有一个向下的正速度，同时还有了一个向上的负速度，对负速度如何计算，课本中还未提及，孩子通过自学，得到了解答。

【分析】

掌握正确的学习方法是保证取得好成绩的关键，如变被动学习为主动学习，学会从不同角度学习，从不同的特征归纳知识要点，另外，做到劳逸结合，保证有灵活的大脑，也是取得好的学习成绩的保障。

【案例 2】

孔子在学习方法上主张"学而时习之""温故而知新"。他要求学生学习时要学思结合，提出："学而不思则罔，思而不学则殆”，就是说光学习而不积极思维就会迷而不知所向，如果思维不以学习为基础就会流于空想，会带来知识上的危机。因为学习是人类独特的活动，是人类知识的继承活动，这种继承不能是简单地模仿，要通过独立思考、学思结合，才能在接受前人知识的基础上有所创造、有所发展。

【分析】

“温故而知新”是孔子对我国教育学的重大贡献之一，他认为，通过不断温习所学过的知识，可以获得新知识。这一学习方法不仅在封建时代有其价值，在今天也有不可否认的适应性。人们的新知识、新学问往往都是在过去所学知识的基础上发展而来的。因此，“温故而知新”是一个十分可行的学习方法。

认知：

理解：

做件什么事	怎么做的	做中的感悟

准备：

学会做：

不能用考试分数替代修养

许多父母以为："只有考试分数高的孩子才是好孩子，考试分数低的孩子就是坏孩子。"

评价好孩子的标准到底是什么呢？人们习以成俗，动不动就问孩子："全班第几名？""前 10 名为高，低于前 10 名为低。"把"考试分数"当成了评价孩子优劣的标准。试想：一个班 45 名学生，前 10 名，只有 10 个人，其他 35 名学生都成了"坏孩子"啦？

每一个孩子都期望得到父母的认同，所以，考试分数低的孩子总是得不到父母的宠爱，当他们的成绩不理想或者达不到父母期望时，就会感到沮丧和不自信，孩子抵抗不住这样的压力，就放弃了自己的前程。

这是多么不公平、多么残忍可怕的标准啊！这种评价对孩子一生的影响又是何等的恶劣啊？

如果父母仅以这样的标准来评价孩子的优劣，即使没有其他的要求，孩子也会产生对分数和名次的过度追求。

特别是一些父母总是用孩子的“学习成绩单”来评价孩子。如果“分数高”就以为孩子具备了成功的潜质，如果“分数低”，就严厉地管教，甚至棍棒相加，逼迫孩子下一次考好。

这些父母总认为这就是在管理孩子，是对孩子负责，实际上对孩子的成长弊大于利。出现这些问题的原因到底是什么呢？

一则是长期的“应试教育”误导了家庭教育；二则是父母没有真正认识到：“什么是学习？”“让孩子学习的目的到底是什么？”

学习是为了培养孩子对万物的兴趣、对知识的好奇心、爱钻研的创新精神、提出问题和解决问题的能力、在生活中遇到困难能够找到解决的方法，将来成为一名在社会中独立生存、生长，不断进取、发展的人，孩子学习的目的是这样，教育也是如此。

只有这样，孩子才会觉得：考试成绩不是评价自己优劣的唯一标准，而决定自己未来的是自己通过学习而得到的各种优秀的品德和处理各类事物的能力。

只有这样，孩子才能生活、学习得不那么辛苦；才能在不同的领域逐步拓宽自己的能力，健健康康地成长，由此而获取未来走向幸福生活的能力。

持有“只有考试分数高的才是好孩子，考试分数低的就注定是坏孩子”这个观念的父母，应该冷静地反思：“培养孩子学习的目的到底是什么呢？”

有些父母提出：“孩子去学校干什么？”“学知识。”“为什么要学知识？”“考大学。”“为什么要考大学”“为了找到适合自己的工作。”“为什么要工作？”“为了得到别人的尊重，不让别人看不起自己的孩子。”等一连串的问题，实际上，误以为“学习是为了考个好大学、找个好工作”这个观念，忽略了孩子的特长和爱好。由于过度在意孩子的分数，扼杀了孩子的个性，与其说这是教育，不如说是在驯化，是在打着“教育”的名义对孩子进行道德绑架，因为孩子“考试分数不高”就否定他，说他是一个坏孩子，是一个差生。特别是有不计其数的父母已习惯了用“考试分数”作为评价孩子优劣的标准，并且成为父母们口中炫耀攀比的资本，迫使孩子们也进入了“唯父母之命是从，以成绩论英雄”的苦海中。

由于这种错误教育观念的影响，绝大多数父母培养孩子的时候，只注意孩子的课业，而不在乎孩子品德方面的培养，对孩子未来生存能力形成了极为残忍的一种扼杀。

试想：孩子如果品质不错，“考试分数”稍差，未来是否还有机会？如果孩子品德出了问题，酿成大错或者犯罪入狱等，当下考试成绩再优秀，将来还能有怎样的机会呢？特别是当下的教育已经在我们985、211院校酿成了若干苦果。

【案例 1】

宁夏一所重点高中出了一个高材生王希（化名），是全国中学生化学竞赛宁夏赛区理论和实验技能测试一等奖获得者，从小学到大学考试分数一直名列前茅，可以说是万里挑一甚至十万里挑一的学生，被保送北京大学化学系。

谁能想到，就是这样一个出类拔萃的学生，竟然犯罪入狱。

为什么每年考试成绩如此优秀的孩子会走向犯罪的道路呢？

经过专家分析：其主要原因就是不注意个人修养，道德品质出现了问题。

从小学到中学，王希习惯的生活方式就是：放学、回家，回家、学习，安安静静，从不惹是生非，身边没有朋友，几乎与世隔绝。

进入北京大学以后，特别是到了大学三年级的时候，他发现没有朋友的日子太难熬了。

北京大学是非常重视社会交往和社会实践的，不善交往的弱点让王希感到压力很大，于是他就千方百计想交上朋友。

交往是一门艺术，是需要经验的，这些经验王希却都不具备。

有一次，他好不容易和一个男同学开始了交往，对方跟他还算投缘，他便下定决心与之交朋友，结果，来往又过于密切。

时间长了，周围的人就感到很奇怪，两个小伙子整天黏在一起形影不离，这是什么事儿呀。

于是议论就逐渐多了起来。与王希交往的那个小伙子听到后心想：人家都在议论我，看来我不能再跟他交往了。就故意疏远王希。

王希多次试图挽救他们之间的友谊都未能如愿。

这样一来，王希就生气了，心想：我对你这么好，你还这样绝情，我一定得报复你！

王希的报复方式很可怕。他不打人、不骂人，而是依靠他的高智商来报复，用他学过的专业知识来报复。

有一天，他从图书馆查阅了有关铊盐的资料，得知铊盐是一种金属化合物，能够杀伤人的中枢神经和神经末梢，使人受到致命的伤害。为此，他还专门做了实验。

1997 年 5 月 15 日，王希把铊盐投到了同学的杯子里。这个同学中毒后反应非常剧烈，疼痛难忍。王希没想到后果会这样，吓坏了，赶快打车把那个同学送到医院去抢救。

在医生的追问下，王希不得不说出他给同学杯子里放了什么东西、放了多少的真相。

幸好医院抢救及时，那个同学住院治疗了 1 年，花了 6 万多元治疗费。

这个同学出院后，就把王希告上了法庭，在 1998 年 2 月 20 日，王希被某区人民法院以故意杀人罪判处有期徒刑 11 年，剥夺政治权利 3 年。

【分析】

多么惨痛的教训啊！王希以当地高考状元的分数，保送北京大学化学系，由于不注意个人品德的修炼，最终成为可怕的“杀人未遂犯”，锒铛入狱，成为社会的败类、人民的敌人。

【案例2】

北大才子吴谢宇弑母一案在案件未明了之前，出现多种猜测。有高利贷说、违背人伦说、女友感情说、视频敲诈说云云。是什么原因引爆最后的人间惨剧，以上种种似乎都能回到金钱或债务线索上来。而没有一个理由是因为他考试分数低而杀害亲生母亲，论考试分数，他从小学到高中均为全校乃至全省第一。

2016年2月14日，警方发现一名女子死在了福州一所中学教职工宿舍内，尸体被塑料包裹多层，每一层的缝隙中放入了活性炭来防止异味。据调查，死者谢天琴在北大就读的22岁儿子吴谢宇有重大作案嫌疑。

吴谢宇曾在2015年7月前后购置刀具、塑料布、活性炭、隔离服等物品，2015年7月11日，将母亲谢天琴杀害，并在房间里安装远程摄像头，随时监控家中状况。其后，吴谢宇以母亲的名义向亲戚朋友借钱144万，声称自己将出国留学，母亲要去陪读，8月，吴谢宇伪造母亲辞职信，向福州教育学院第二附属中学提出辞职。12月底，有同学看到吴谢宇回到北大宿舍，询问大三下学期课程的补考事宜。有媒体爆料，在8月至12月之间，吴谢宇结识一名性工作者，并与其谈恋爱，甚至拿出过钱提亲。2016年2月5日，吴谢宇通知舅舅去高铁站接母亲和自己回家过年，随后舅舅发现宿舍内尸体，吴谢宇失踪。

2019年4月21日，吴谢宇在重庆江北机场被抓，其身上带了30多张身份证，警方透露他3年来一直在国内活动，曾在重庆的夜场当男模。5月27日，福州市晋安区人民检察院依法以涉嫌故意杀人罪、诈骗罪、买卖身份证件罪对“北大学子弑母案”犯罪嫌疑人吴谢宇做出批准逮捕决定。

【分析】

“吴谢宇案”又是一例高校大学生杀人案件，而且杀害的是自己的母亲，与其他凶手相比，吴谢宇的作案手法更加缜密，隐藏的时间更长。此前，新京报等媒体采访过吴谢宇的同学及老师，没有人觉得他会是一个弑母凶手，反而对他的彬彬有礼、博学多识有深刻印象。

只有高分，没有优良品德的案例，戏剧性地讽刺了我们的教育（包括家庭教育），高考状元、北大学生这一标签背后，我们应该产生什么样的反思呢?

认知：

理解：

做件什么事	怎么做的	做中的感悟

做件什么事	怎么做的	做中的感悟

准备：

学会做：

学习能力是品德形成的基础

学习能力是获得和运用知识的基础，也是各种优秀品质的综合表现，主要表现在感知与认知、自控力、理解与创新、学习与操作能力等诸多方面。

1. 感知与认知能力

感知与认知能力是指能够将外界传入大脑的信息进行正确的综合分析，并做出相应的行动的能力。例如，能够全神贯注地听、看，保持听、看的内容与文字表达的内容相一致，而不是偏旁颠倒，写一半忘一半等。

2. 理解与创新能力

理解与创新能力并不是机械学习课本内容，关键是能将所学知识储存在大脑中，并能够在此基础上给予适当的创新，使传统的知识与现实的需求，形成有机的结合。

3. 计划与控制能力

计划与控制能力是指能够自动自发地安排自己的学习计划，并在实施中给予适当的自控和自觉的遵守，而不是拖拖拉拉。

4. 学习操作能力

操作能力是指手、眼、脑相互协调并用，专心致志，而不是受外界干扰等。

【案例】

每位父母都希望自己的孩子能拥有良好的品德，如何培养孩子的良好品德呢？

小刚的父亲总结对小刚的培养经验时说：我认为培养孩子的良好品德，父母第一要做到对孩子有效地说服，父母不能用命令的口气要求孩子怎么做，而应该发挥情感的作用，耐心地与孩子讲道理，进行感情上的交流，务必做到“以理服人，以情动人”。

第二，在生活中，父母一定要给孩子树立榜样。

榜样的力量是无穷的，无论是老师还是家长都应该首先做好自己，让自己拥有良好的品德，孩子就会经常受到耳濡目染，养成良好的品德。

第三，要发挥集体的作用。孩子的生活是在群体当中的，每个孩子都有集体观念，父母可以利用集体的约定，改变孩子的一切（包括平时难以纠正的缺点）。

第四，要鼓励孩子发现自身的价值，按自己正确的价值观行事。

第五，对孩子的进步，要给予适当的奖励。父母可以选择物质奖励和精神奖励，但是，一定要奖励孩子的具体的道德行为，如待人友善、诚实守信等。

第六，发现孩子的错误和缺点，要给予适当的批评和惩罚。孩子犯了品德方面的错误，及时给予适当的惩罚有助于良好品德的形成。

【分析】

对于孩子来说，拥有良好的品德，能在班集体当中得到大家的喜爱，获得老师的赏识，是促进学习成绩提高的关键，也是一种优秀的品德，拥有良好的品德更易得到别人的尊重和喜欢，从而获得良好的人际关系。

认知：

理解：

做件什么事	怎么做的	做中的感悟

准备：

学会做：

学习的十二种“核心能力”

父母要使孩子养成良好习惯、塑造优良品德、掌握更多知识技能，成为未来独立自主、思维卓越的好孩子，就要在培养孩子的十二种“核心能力”上下工夫，使孩子从“平凡”到“优秀”，走向卓越的人生。

十二种“核心能力”，包括注意力、观察力、记忆力、思维力、想象力、创造力、理解力、语言表达能力、实际操作能力、运算能力、分析 / 解决问题能力、听 / 视知觉能力。

1. 注意力

注意力的特征主要有指向性和集中性。

（1）指向性是指由于感觉器官容量的限制，心理活动不能同时指向所有的对象，而只能选择某些对象，舍弃另一些对象。指向使人的心理活动有选择。

（2）集中性是指心理活动能全神贯注地聚焦在所选择的对象上，表现在心理活动的张度和强度上。集中使被选择的事物在人脑中获得的反映更清晰、更完全。

注意不稳定性是导致孩子出现学习问题的主要原因。常常表现为多动、坐不住等，父母须不断督促或提醒孩子及早改正这种多动、坐不住的行为，不要使之形成习惯。

在纠正孩子这种行为时要注意：7—12 岁的孩子注意稳定时间一般小于 20 分钟，给孩子完成作业难度和时间要在孩子注意力集中的时间完成，不要造成孩子学业负担，给孩子后续学习造成困难。

注意力的转移是指孩子的注意从一个对象或者一种活动转移到另一个对象或者另一种活动中去。

注意转移性强的孩子能够较快地从一种状态进入另一种状态。比如，从下课时的玩乐中及时地转移到上课的内容。

注意转移性弱的孩子，因为不能及时地转移注意力，从而导致行为缓慢。

引导孩子注意力及时转移的方法是增强趣味性和强调活

动的目的性。

【小游戏】请把下面图形想象成不同的事物（图 2）。

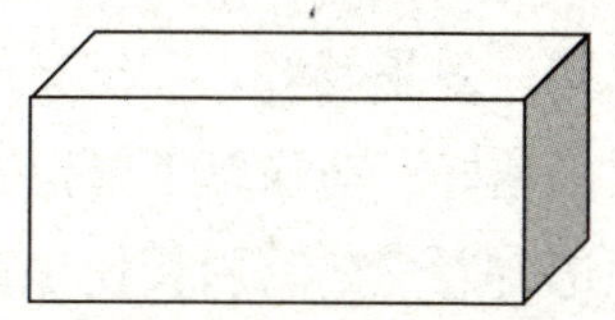

图2　想象不同的事物

例如，补上相应的线条后，把它想象成一间房子，后面是门，上面是天花板，下面是地板，左边是墙等，还可以在每一面加上一些装饰。这是训练孩子注意转移的一个小游戏，让孩子随着视觉（听觉、触觉）的转移，大脑思考的中心也跟着转移到了相应的地方，反复训练，有利于纠正孩子注意力不集中的行为。

2. 观察力

观察是一种有目的、有计划的、比较持久的知觉过程，它是智力的基础成分。拥有良好观察力的孩子善于发现事物本质，对于孩子认识世界具有重要的意义。孩子良好的观察力并不是生来就有的，需要父母系统、科学地训练。

3. 记忆力

（1）记忆的六个要素：物象是记忆的根本。这和认识论所说的原理是相通的，即理性的认识是建立在感性的基础上：理解是记忆的基础。倘若只记忆而不理解，就像吃食物而不咀嚼一样，难以消化；联想是记忆的关键，掌握好的记忆方法是记忆的途径。

（2）记忆的七大规律有以下几种：

◇主体律：记忆的时间越长，记忆的效果越好，记忆的目的越明确、越具体，效果越好，在记忆的过程中，注意力越集中，记忆的效果越好；动脑思考越积极。

◇客体律：识记有意义的材料，比识记无意义的材料效果好；识记直观形象的材料比识记枯燥抽象的材料效果好；识记有节奏、有韵律的材料，比识记无节奏、无韵律的材料效果好；识记系统条理的文章比识记杂乱无章的文章的效果好；识记使人感兴趣的材料比识记使人厌倦的效果好。

◇方法律：意义记忆优于机械记忆；形象记忆优于抽象记忆；奇特记忆优于一般记忆。

◇干涉律：在记忆过程中，识记材料的首尾部分易记，而中间部分易遗忘；在记忆过程中，两种材料相类似，会影响记忆效果；识记两种材料或一段较长的材料时，中间安排间隔时间的记忆效果好。

◇强化律：在记忆活动中，各种感官同时参与比单一感官参与的记忆效果好；在识记材料达到熟记后，适当增加学习次数，记忆保持效果好；识记后，及时复习可提高记忆效率；复习方式多样化比简单重复复习的记忆效果好。

◇时间律：遗忘先快后慢；在记忆活动中，集中法和分散法恰当运用，才能提高记忆效率。

◇数量律：一次记忆的材料数量越多，记忆的难度越大，记忆的效果也随之减小；在记忆活动中，把全习法和分习法结合起来，可以提高记忆效果。

4. 思维力

思维力是通过多维立体的思考找出一类事物共同的、本质的属性和事物间内在的、必然的联系的能力，属于理性认识。

常用的思维方法发散思维法——它是根据已有的某一点信息，运用已知的知识、经验，通过推测、想象，沿着不同的方向去思考，让重组记忆中的信息和眼前的信息，产生新的信息。

聚合思维法即求同思维，是指从不同来源、不同材料、不同方向探求一个正确答案的思维过程和方法。

目标思维法，即确立目标后，一步一步去实现其目标的思维方法。其思维过程具有指向性、层次性。

逆向思维法是目标思维的对应面，从目标点反推出条件、原因的思维方法。它也是一种有效的创新方法。

移植思维法是指把某一领域的科学技术成果运用到其他领域的一种创造性思维方法，仿生学是典型的事例。

联想思维法有：类似联想、接近联想、对比联想、因果联想等。

形象思维法是通过形象来进行思维的方法。它具有的形象性、感情性，是区别于抽象思维的重要标志。

演绎思维法是从普遍到特殊的思维方法，具体形式有三段论、联言推理、假言推理、选言推理等。

归纳思维是根据一般寓于特殊之中的原理而进行推理的一种思维形式。

5. 想象力

想象力是人们头脑中原有的表象经过大脑的加工改造和重新组合而产生新的形象的思考过程，是一种高级复杂的认知活动。形象性和新颖性是想象活动的基本特点，它主要处理图形信息，以直观的方式呈现在人们的头脑中，而不是以词语、符号，以及概念等方式呈现。

从目的性来看：想象有随意想象和不随意想象。从内容新颖度看：有再造想象和创造想象。从想象和现实关系看：有幻想、理想、空想。

人能在过去认识的基础上，去构成没有经过的事物和形象的能力就叫想象力。

6. 创造力

创造力是人类特有的一种综合性本领。创造力是指产生新思想，发现和创造新事物的能力。它是人们成功完成某种创造性活动所必需的心理品质，是知识、智力、能力及优良的个性品质等多种因素综合优化的构成，是一个人是否具有创造力，衡量一个人能否成才的重要标志。

7. 理解力

理解力是人对某个事物或事情的认知能力。

理解有低、中、高三个层次：低级层次的理解，能辨认和识别对象，并且能给相关事物命名：知道它是什么；中级层次的理解，能对事物的本质与内在联系进行揭露，主要表现为能够理解概念、原理和法则的内涵，知道它怎么样；高级层次的理解，在概念理解的基础上，进一步达到系统化和具体化，重新建立或者调整认知结构，达到知识的融会贯通，并使知识得到广泛的迁移。

8. 语言表达能力

语言表达能力是指在说话、演讲、作报告的口头和肢体语言、回答申论问题、写文章过程中运用书面语言（字、词、句）的能力，二者均以语言为媒介，书面语言可以对口头和肢体语言进行归纳总结，两者相辅相成，互为补充。

语言表达能力是指用词准确，语义明白，结构妥帖，语句简洁，文理贯通，合乎规范，能把客观概念表述得清晰、准确、连贯和得体。

语言表达能力与发音和肢体动作密切相关，口才只是语言表达的一种形式，肢体语言更有助于自身素质的体现，即在语言表达中，知识的应用，包括口头、肢体语言和书面语言。

语言表达能力是孩子成才必备的基本素质。未来社会，由于经济的迅猛发展，人们之间的交往日益频繁，语言表达能力的重要性也日益增强，好的语言表达越来越被认为是未来人所必须具有的能力。

要让孩子适应未来社会，父母不仅要有面向未来的思想，还要充分重视孩子的语言表达能力培养；用自己的行为和优美的语言表达感染和影响孩子。

9. 实际操作能力

实际操作能力就是动手的能力，即进行劳作、实验和制作物品的能力。有了操作能力，孩子不但会分析问题，而且可以学到解决实际问题的方法。也就是说：不仅要孩子会说，更重要的是让孩子会做，很多知识会在孩子做的过程中逐步理解。

10. 运算能力

运算能力是一种非单一的数学能力，而且是运算技能与逻辑思维能力的独特结合。它包含逻辑思维能力、空间想象能力，是孩子未来发展的重要能力，运算能力主要是通过数学活动逐步发展起来的。

11. 分析 / 解决问题能力

人生会面临许许多多的问题，解决问题之后，才能达到自身的目标。这种能力可概括为三个方面，即发现、分析、解决问题。

发现问题，即从纷繁复杂的各种表象活动中，发现问题的矛盾在哪，抓住各种现象的关键所在。

分析问题，即在发现问题的基础上，分析矛盾的主、次方面，分析矛盾所处的环境以及环境的发展变化。

解决问题，即在正确分析问题的基础上，找出解决问题的方法。

12. 听 / 视知觉能力

听 / 视知觉能力不良会影响孩子做事的效率，其主要表现如下。

（1）忘记或遗漏对方讲的内容；

（2）听不懂对方讲的内容；

（3）记不住或记不全对方讲的内容；

（4）记错对方讲的内容；

（5）对外界的声音反应迟钝；

（6）缺少倾听的习惯。

听知觉不良也会导致口头表达不佳，说话逻辑性差，颠三倒四，东拉西扯，不能完整地复述故事，说话过程中病句较多，发音不清等。

造成此类现象发生的重要原因是孩子幼小时运动知觉发展不完全，如剖宫产、母乳时间过长、爬行过少等。

具体表现为：好动、坐不住、做事或吃饭发呆走神、心不在焉、对外界刺激敏感，很难长时间只注意一件事等。

听觉不良可以从听觉宽度、听觉分辨、听觉记忆、听觉理解、听觉速度五个方面衡量。运动知觉是听知觉发展的基础，如果运动知觉没有得到有效的开发，听知觉能力就难以形成。

视动协调（视知觉）是指孩子的手、眼协调能力，它直接影响到孩子的阅读和做事，孩子的主要表现有：写作业磨蹭、拖拉，动作慢；数字写反、汉字写错、加减符号看错、阅读困难、丢字漏字、抄错题目或答案；用手指着读、看一个字读一个字等。

造成视觉不良的生理因素是从小运动知觉发展不完全，如平衡能力差的孩子做竖式计算就会出现对位不齐；空间感落后的孩子会左右不分，偏旁部首写颠倒；缺乏节奏感的孩子要么冲动、要么磨蹭。

孩子需要具备很强的视知觉能力，认识数学涉及符号、字母、图形，数学应用题与语文的阅读水平有极大的关系，很多计算能力较强的孩子在解应用题时发生困难，多数是由于阅读过程中出现的问题，如识字量不足，对应用题词汇不熟悉，数学体系比语文体系更加严密复杂，更具逻辑性，孩子不仅需要一般的阅读能力来理解数学中的文字，还需要较强的阅读能力来理解“数学语言”。

认知：

理解：

做件什么事	怎么做的	做中的感悟

准备：

学会做：

孩子从小要形成的十五个关键品格

1. 诚实

不骗人，不说假话。平时遇到任何事情都要主动告诉爸爸妈妈，不占小朋友便宜。诚实就是童言无忌，而且在行为上，对了就说对了，错了就说错了，言行上都不要有任何掩饰。

2. 勤奋

孩子平时就要比别人做得多一点，感兴趣的事下的工夫多一点，想一切办法把事情做好。大部分孩子的资质都差不多，不存在谁比谁的资质高多少，只要多做，就可以勤能补拙（图 3）。

3. 自信

要相信自己是最聪明的孩子，一定能把事情办好，只要坚信自己不比别人差，就一定能把事情办好。

孩子没有自信，是父母长期对孩子缺乏训练的结果。当孩子从爬到走，从走到跑，从跑步到学会溜冰等的时候，这些都是在不断总结成功的经验，克服失败教训的过程中形成的，孩子虽然不断失败，但是学会走、学会跑、学会溜冰的乐趣总是在压制失败的恐惧，进而不断挑战自己，不断增强自己的信心。

4. 踏实

做事不三心二意，集中精力静下心把一件事情做好后再做别的事，不虚夸，不做假。孩子把一件事情做好了，才有信心做第二件事。

一般情况下，孩子是不具备同时处理多项事务的能力，在孩子成长的初步阶段，一心一意地做好一件事，养成孩子踏踏实实的性格，不贪多、不贪功，是形成踏实性格的关键。

5. 专注

做一件事情很专一，聚精会神，不分散精力，不受外界影响，而且很投入，就是专注。

古人说，有的人能博闻强记、一目十行，就是说比较专注的人能做好每一件事情。

6. 公平

不偏袒任何人，分享东西一视同仁，平等待人便是人们常说的“公平”。

孩子在一个小群体里有了威望之后，要让别人觉得是一个值得信赖的人，就必须督促养成公正、公平的品格。比如分蛋糕，孩子们一多，就会为蛋糕分配不均而吵架，如果一个负责分配，另一个有选择地公平分配，吵架就会平息。这样的游戏做得越多，孩子们就会对公平的认识更加深入。

7. 担当

自己做的事要自己负责。有了过错要敢于承认和努力去改正，不把过失推给别人。要敢于承担责任，敢于承认自己的错误，出现问题要敢于主动站出来。

8. 礼貌

说话要讲文明，对待长辈应尊敬，对人说话要平和，多说“谢谢”，家里来人要主动让座、主动端茶等。

9. 自主

自己的事情要自己做主，不能让别人代替，如吃饭、洗脸漱口、外出着装等，都要有自己的主见。

一般孩子都有自主意识。要什么，不要什么，都会通过喜怒哀乐表现出来。父母要不断训练孩子养成“自主意识”。比如，要自己走路，不能总是让父母抱；到超市买东西要学会自己选择，选择的后果要自己承担。

10. 俭朴

要培养孩子学会勤俭节约，不浪费东西、不乱花零钱、不与同学攀比。

很多孩子因为家庭环境、学校环境和与同学的关系，玩具要求最贵的，吃的要求最好的，别人玩过的地方自己一定要去。这种攀比的风气，父母要通过引导和训诫给予制止。从小让孩子养成简朴的品格，杜绝各种浪费，把好吃的东西与别人分享。“由俭入奢易，由奢入俭难。”父母培养孩子简朴的品格，需要从小开始，让孩子从小吃一些苦，不仅不会受委屈，反而有利于他的成长。

11. 大方

大方就是要大气，有好的东西不能一个人独占，要同小朋友分享，别人有困难要主动去帮忙，不怕吃亏，不要占别人便宜。

在现实世界里，大方的人总是能交到很多朋友，因为他们懂得和别人分享，更容易成为孩子的领导。因为大家认为能分享东西给大家的孩子值得信赖，而且不会占便宜。

12. 助人

在家里要让孩子多做家务，帮助老人做点力所能及的事，遇到小朋友有需要时要立即去帮助，不要自私。

养成孩子“助人”的品格最关键是让孩子知道帮助别人的乐趣在哪里，比如帮助父母的乐趣是能收获成就的喜悦，帮助小伙伴的乐趣是小朋友们有好玩的也能叫上他一起玩。帮助别人越多，回报也就越多。

13. 合作

好多事情要许多人一起动手才能办好，不能靠一个人，要团结小朋友，遇事要善于与其他人合作，父母要从小培养孩子的合作意识，让孩子感觉到合作的力量。

14. 友善

友善就是要让孩子多交小朋友，对别人要友好，不任性，不打骂小朋友，欢迎小朋友来家玩，有好吃的东西大方拿出来给小朋友吃，有好玩具拿出来大家一起分享。

15. 灵活

灵活就是不死板，不僵化，随时调整自己。懂得动脑筋，想办法去干一件事情。让人一看就觉得有灵气，有活力，很快能融入小朋友当中。

认知：

理解：

做件什么事	怎么做的	做中的感悟

准备：

学会做：

对孩子学习能力的测试

在规定时间内回答以下的题目，做出最适合自己的选择并计分。

评分方式：每题答A记2分，答B记1分，答C记0分。将各题得分相加，统计总分。

1. 一个人告诉你他生病了之前，你能从他的脸色中发觉他当时身体不舒服吗？

A. 通常能　　B. 有时能　　C. 不能

2. 你能否轻易地从新开张的大商场里找到你想购买的商品吗？

A. 通常能　　B. 有时能　　C. 不能

3. 你在考试中，是否发生过因没注意而漏做某道试题的事？

A. 从未发生　　B. 极少发生　　C. 多次发生

4. 你从别人的穿着猜测别人的个性和爱好吗？

A. 经常猜测　　B. 有时猜测　　C. 从不猜测

5. 平时，你注意从一个人的举止中观察他的心情和想法吗？

A. 是　　B. 有时　　C. 没有

6. 春天马路边的树刚刚吐出新芽时，你就发现了吗？

A. 是　　B. 有时　　C. 从未发现

7. 你能分辨出家人与邻居脚步声的不同吗？

A. 能　　B. 说不准　　C. 不能

8. 你是否经常从一个新相识的人身上发现一些与众不同的体貌特征？

A. 常常　　B. 有时　　C. 极少

9. 即使不听天气预报，你也能在下雨前觉察出天气将要变化吗？

A. 常常　　B. 有时　　C. 极少

10. 你能在几秒内看出电话号码 7414345 有什么规律吗？

A. 5 秒以内　　B.5—10 秒　　C.10 秒以上

11. 你注意到每个人的眼睛都不同吗？

A. 是　　B. 有时　　C. 从未注意

12. 你总是按某种顺序从书架上寻找你感兴趣的书吗？

A. 是的　　B. 有时　　C. 一般不

13. 你会通过较长时间的观察发现自然界中事物变化的规律吗？

A. 是　　B. 有时　　C. 没有

14. 有人说你做事不用心吗？

A. 没有人说过　　B. 有个别人说过　　C. 好多人说过

15. 打牌时，你会根据对方的表情揣测他的持牌情况吗？

A. 常常如此　　B. 有时如此　　C. 极少如此

16. 你会按物体的空间顺序（如从远到近、从外到里）观察一个复杂事物吗？

A. 通常　　B. 有时　　C. 通常不

17. 你是否关心你的身边每天出现的一些新变化？

A. 是　　B. 有时　　C. 不

18. 你喜欢寻找自然界中的奥秘吗？

A. 是　　B. 说不清　　C. 不

19. 在做数学题时，你是否会看错或漏写题中的正负符号（加减符号）或字母？

A. 从未发生　　B. 极少发生　　C. 多次发生

20. 在路上与熟人相遇，常常是你先看到对方，还是对方先看到你？

A. 通常你先看到　　B. 不一定　　C.通常对方先看到

21. 你喜欢拆卸钟表、玩具之类的东西吗？

A. 喜欢　　B. 说不清　　C. 不喜欢

22. 你注意看文中或书中所附的平面图、结构图或示意图吗？

A. 是　　B. 说不清　　C. 不

23. 看到一个不知名的新事物，你会试图给它起一个新名字吗？

A. 是　　B. 说不清　　C. 不

24. 你曾给同学、同事取绰号吗？

A. 是　　B. 说不清　　C. 不

25. 你走路时不注意看周围的环境吗?

A. 是　　B. 说不清　　C. 不

26. 写记叙文令你感到很困难吗?

A. 是　　B. 说不清　　C. 不

27. 你注重揣测别人做某件事的意图吗?

A. 是　　B. 说不清　　C. 不

28. 你发觉自己在选择朋友时常看错人吗?

A. 是　　B. 说不清　　C. 不是

29. 你能在几秒钟内找出本测验前面 28 个问题中的一个错别字?

A.10 秒以内　　B.10—20 秒　　C.20 秒以上

30. 看完这个问题后，你马上就能说出本测验 30 个问题中哪一个有错误的标点符号吗?

A. 马上就能　　B. 需要较长时间　　C. 无法找到

得分:

你可以依据以下的分析评价自己的洞察力水平。

0—19 分：你的洞察力不佳。生活中的一些重要线索常常被你忽视。你必须做个有心人，才能减少你这方面的损失。

20—40 分：你的洞察力一般。

41—60 分：你的洞察力发展状况良好。耳聪目明的你，在学习和工作中也会是一个聪明人，会找到一些别人没有发现的奥秘。

本章复盘

◎ 小问题

回答下面的问题，帮助你理解对孩子的学习能力进行培养在家庭教育中的必要性。

1. 培养孩子的优良品德的目的是什么？
2. 培养孩子的优良品德首先要做到什么？
3. 培养孩子的优良品德的步骤是什么？
4. 培养孩子的优良品德有哪些要注意的环节？
5. 培养孩子的优良品德有什么效果和表现？
6. 培养孩子的优良品德和掌握知识应该如何区别？
7. 培养孩子的优良品德的方式不同，效果有什么不一样？
8. 培养孩子的优良品德的问题有哪些？

如何做更好的父母

◎收起你的懦弱，摆出你的姿态，重视起对孩子的学习能力培养，不要打击孩子的积极性！

◎就算周边的人（含家庭成员）都否定孩子，你也要相信孩子，不要管别人的看法。

◎孩子的能力是通过不断的锻炼培养出来的，要相信，世上本没有做不到的事，只有不做，才适得其反。

◎不管孩子如何，都可能不被欣赏，总有人认为他不够好，不管别人怎么看，你都不能不注意培养孩子的优良品德！

“管理好自己”思考题

【反向思维】

◎培养孩子的优良品德没有用，孩子就是不愿意学习！

◎对孩子的优良品德培养到位了，孩子还是不好好学！

◎我对孩子的优良品德培养，道不同不相为谋！

◎对孩子的优良品德培养不到位，反而被别人瞧不起！

【正向思维】

◎对孩子的优良品德进行培养之后，家庭和睦了！

◎对孩子的优良品德进行培养之后，孩子的能力提高了！

◎对孩子的优良品德进行培养之后，父母与孩子相处更融洽了！

◎对孩子的优良品德进行培养之后，父母与孩子的误会没有了！

与心对话

每日一问：

家庭生活中总有一些磕磕绊绊的冲突点，很多事情都需要对孩子的学习能力培养，你面对这些问题是怎么解决的？你身边的家庭又是怎么处理的？

请将在家里看到的记录下来：

陶行知说：国家是大家的，爱国是每个人的本分。我觉得凡是脚站在中国的土地上，嘴吃中国五谷，身穿中国衣服的，无论男女老少，都应当爱国。人为一大事来，做一大事去；捧着一颗心来，不带半根草去。

从小就要遏制住孩子的“自私”

- “自私”的特征与表现
- 如何避免孩子自私欲的产生
- 遏制孩子自私蔓延的方法
- 从小就要刹住孩子自私的心理

“自私”的特征与表现

孩子过分的自私是每位父母都不愿意看到的事，现在的孩子大多都是独生子女，生活条件优越，特别是父母众星捧月的态度，再加上是独生子女，孩子说一不二的核心位置，助长了孩子的独占欲，强化了他们的自我中心意识。

孩子只知享受和索取，忘记了付出和奉献，如不加以遏制，长期下去，必然发展为遇事自私的行为和习惯。

1. 自私的特征

自私具有深层次性、下意识性、隐秘性的特征。

第一，深层次性。

自私是一种近似本能的欲望，处于人的心灵深处。

人有许多需求，如生理的需求、物质的需求、精神的需求、社会的需求等。需求是人们行为的原始推动力，人的许多行为就是为了满足需求。但是，需求要受到社会规范、道德伦理、法律法令的制约。不顾社会条件的要求，一味想满足自己的各种私欲的人就是具有自私心理的人。如果自私之心隐藏在需求结构之中，就会形成深层次的自私心理活动。

第二，下意识性。

因为自私心理潜藏较深，它的存在与表现常常不为人们所意识到。有自私行为的人并非已经意识到他在干一件自私的事，相反他在侵占别人利益时往往心安理得。也正因如此，我们才将自私称为病态的社会心理。

第三，隐秘性。

有一种人往往因自私行为而引起公愤，为了逃避舆论谴责和社会惩罚，常常口唱高调，故作姿态，要么偷偷摸摸地占别人的便宜，要么在谎言和假象中隐藏其内心自私的本性。

例如，某单位领导明明自己多吃多占，却高调唱“反贪反占”，把自己的罪恶隐藏在所谓的“反贪反占”中，实际上自己就不是真“清廉”，而是“真贪”，明明是损人利己，却说是一心为大家着想。

自私是一种羞于见人的病态行为，自私之人常常会以各种手段掩饰自己，因而具有隐秘性。

2. 自私的表现

对社会或他人危害最大的自私行为主要表现在不关心他人、不孝敬老人、不做或很少做家务、忘恩负义等方面。

第一，不关心他人。

一家儿童研究所在美国、德国和中国高中孩子中进行了一次“最受你尊敬的人物是谁”的问卷调查，结果是：

美国高中生心中：父亲第一，母亲第二。

德国高中生心中：父亲第一，自我第二，母亲第三。

中国的高中生心中：把母亲一下子落到第五，父亲位于第六。

面对这样的位置，中国父母不知是否感到尴尬，或感到痛？

中国的父母最看重自己的孩子，为了自己的儿女，含辛茹苦几十年。对儿女婚配嫁娶，一概大包大揽，甚至抚养孙子、孙女都成了做爷爷、奶奶的专利。

现在青年们的婚礼，新房里彩电、冰箱、高级音响组合、家具一应俱全、琳琅满目、富丽堂皇、气派豪华。

回头来看一看二老的房间里，一派寒酸，灰不溜秋地黯然失色。

两种房子，两个世界，两个天地，真让人一时找不到孝敬父母的感觉。

第二，不孝敬老人。

父母把爱都给了孩子，可换来的是什么呢？

有一个故事：已经上高三的女儿依然过着衣来伸手，饭来张口的生活。母亲每天想办法给女儿调换胃口，增加营养。每天晚上九点半，母亲总是端着一碗荷包蛋汤，外加两个削好皮的苹果送进女儿房间。待女儿把夜宵吃干喝尽，母亲才拖着双腿来到床前，女儿依旧看自己的书做自己的事，母亲为女儿打好洗脚水，铺好床，像这样的情景，女儿早已习以为常。

有一天，母亲突然生病起不来床，女儿竟不知道给母亲倒一口水喝。

母亲让女儿将便盆倒了，女儿先是一惊，继而极不情愿地甚至是嘟嘟囔囔地端着盆走了，过一小会儿，女儿端回来半盆，坦然地告诉母亲说：她的一半倒掉了，母亲的一半还留在盆里。

母亲好一阵伤感，她怎么也不明白：自己为女儿忙前忙后，到头来为什么连女儿一丁点儿的孝心都换不回来呢？

第三，不做或很少做家务。

洗衣、做饭、看孩子全被视为父母应该做的，况且还有的结婚前就将此作为一个重要的条件。尤其是父母有钱的时候或用得着父母的时候，“爸、妈”喊得特别甜，几乎每天都挂在嘴边上，等父母有困难的时候，却直呼大名甚至打骂。

一味娇惯孩子的父母是否想过：假如哪一天自顾不暇，自己走不动了，成了儿女的累赘，还要看儿女的冷眼，心里会是什么滋味呢？

这种悲哀不正是我们娇惯儿女所酿下的苦果吗？

第四，忘恩负义。

忘恩负义是指忘记别人对自己的好处，背弃了情义，做出对不起别人的事。

【案例 1】

偏远的农村一个农民的孩子考上了某重点学校，这个喜讯很快轰动了全村，贫穷老实的父母咬紧牙关，凑齐了近万元的学费，送孩子上了学。

平时老两口虽然很累，但内心只有一个念想：等孩子毕业一切就好了。

不久接到孩子的信：我要买学习资料，速筹 2000 元寄来。

憨厚的老两口，为了给孩子凑学费早已负债累累，根本拿不出这么多钱，没有办法，为了孩子能早毕业，老两口只能到城里的血站去卖血。

当老汉把借来的和卖血换来的 2000 元寄出后，心想，终于能让儿子踏实学习了。可他哪里知道，这次要钱仅仅是开始，从此以后儿子就以各种理由向父亲要钱。

每次儿子要钱都是有用处的，再苦再难父亲都全力支持。后来家里一分钱也拿不出了，儿子还以各种理由要钱，父母只有靠卖血供儿子读书。

血卖多了，不符合血站的规定，父亲就用别人的身份证办下了七个献血证，每个集市都要去卖两次血，才能供得上儿子的消费。

四年过去了，老汉共卖血获得 75500 元人民币，可以说为儿子上学卖的血用一个大汽油桶都装不完。

好不容易盼到儿子毕业了，父亲松了一口气，没想到儿子在城里找了一份工作，就再也不和家里联系了，老两口非常伤心。

一天，穿着破烂衣衫的老汉千里迢迢地来到了儿子工作的单位，探望好久没有音讯的儿子。

万万没有想到老汉刚在儿子宿舍门口一露面，就被儿子推搡了出来，儿子还口口声声地埋怨老汉说："你怎么不穿好一点，这么寒酸，太让我没面子了。"

一阵埋怨过后，儿子便从口袋里掏出 200 元钱给父亲说："你赶快买张车票回去吧！让别人看见会毁了我的终身大事的。"

看着西装革履的儿子，为了儿子的终身大事，老汉落泪了，那一刻他的泪是从心里流出来的……

多么令人心酸的故事，父母为儿子上学卖血都行，儿子翅膀硬了却把父母抛在脑后！

这个儿子的“自私”是怎么产生的呢？是老汉对儿子“娇生惯养”的结果……

后来，我们了解了老汉类似的家庭发现：这些孩子从小就受到“娇生惯养”。

父母们对他们“娇生惯养”的原因是：在学校学习成绩好，每次考试都是班里的前十名，于是孩子们以此为资本获得了“饭来张口、衣来伸手”的待遇，父母们也无形地做了孩子的“学奴”，才致使孩子“四体不勤”“五谷不分”“虚荣懒惰”“不孝爹娘”。

原来是城市的孩子“把韭菜当麦苗”，现在农村的孩子也不下田、不种粮，不认小米和高粱，更谈不上洗衣、做饭，操持家务的日常生活了。

故事虽然发生在“儿子”身上，但是，这正是老汉种下的“苦果”。

【分析】

我不知道大家是否听说过“刑场上儿子咬断母亲乳头的故事”，老汉重蹈覆辙又一次为我们提供了十分相似的案例，老汉唯一能为社会做出贡献的也就是这么一个可以提醒我们引以为戒的案例了。

【案例2】

一天，一个贫穷的小男孩为了攒够自己的学费正挨家挨户地推销商品，劳累了一整天的他感到十分饥饿，摸遍全身只有一角钱。怎么办呢？他决定向一户人家讨口饭吃，当年轻的女子打开房门的时候，这个小男孩有点不知所措，他没有要饭，只乞求给他一口水喝。

这位女子看到他饥饿的样子，就拿了一大杯牛奶给他，男孩慢慢地喝完了牛奶，问道："我应该付多少钱？"年轻女子回答道："一分钱也不用付。妈妈教导我们，施以爱心，不图回报。"男孩说："那么，请接受我由衷的感谢吧！"说完男孩离开了这户人家。

此时，他不仅感到浑身是劲儿，而且还看到上帝正朝着他微笑，那种男子汉的豪气像山洪一样迸发出来。

数年之后，那位年轻女子得了一种罕见的重病，当地的医生束手无策。最后，她被转移到大城市医治，由专家会诊治疗。

当年的那个小男孩，如今已是大名鼎鼎的霍华德·凯利医生了，当看到病历上所写病人的来历时，一个奇怪的念头霎时间闪过他的脑海，马上起身直奔病房。

来到病房，凯利医生一眼就认出床上的病人就是那位曾帮助过他的恩人。

回到办公室，他决心竭尽所能来治好恩人的病。

从那天起，他特别关照这个病人。

经过艰辛的努力，手术成功了。凯利医生要求护士将医药费通知单拿给他，并在通知单的旁边，签了字。

当这个经凯利医生签字的医药费通知单到了这位特殊的病人的手中时，她不敢看，因为她确信医药费将会花去她的全部家当。当她鼓起勇气，翻开了医药费通知单，旁边那行小字引起了她的注意，她不禁轻声读出来："医药费：一满杯牛奶。霍华德·凯利医生。”

【分析】

爱别人，必将被别人所爱，“一满杯牛奶”，换来了花去自己全部家当的“医药费”，这就是“慈爱”的力量。

认知：

理解：

做件什么事	怎么做的	做中的感悟

准备：

学会做：

如何避免孩子的自私欲的产生

孩子的自私欲是从幼小开始的，初期（1—3岁婴儿期）出于一种自我保护意识，孩子从保护自己的角度，其行为也完全是一种自我安全的保护状态，若父母不能正确地引导，孩子就会出现自私的行为。

对孩子“自私欲”产生的病因，我们可以从客观与主观两个方面分析。

从客观意识上看：孩子在成长过程的每个阶段，由于家庭中促使孩子成长所需的资源有限，难以满足孩子的需求，孩子成长所需的各项资源的数量、种类、方式在占有和配置方面存在着许多不平衡、不合理之处，当孩子缺乏资源时，如果父母不能用正确的方式给予及时的引导，孩子就会采用非正当的方式，使交换条件产生漏洞。此时的父母如果不加以控制，孩子就会产生“自私欲”，久而久之，就将形成“自私”的行为，养成“自私习惯”，使“自私”横行。

出现这种状况的主要原因是：父母没有及时加以控制。使孩子具有了“自私”行为并养成“自私习惯”，这种孩子长大后就很容易背离社会公德，甚至走上犯罪的道路。

从主观意识看：孩子的“自私行为”若脱离社会公德，就会驶入自私、自我的轨道。

有关专家的研究表明：“孩子自私的自我敏感性、价值取向与社会行为有着一定的内在联系，在一定的条件下极可能形成高度敏感性。”

“社会行为”，即助人行为在内的一切有益于社会的个体行为；“自我敏感性”，即孩子只关心他自己的问题，需要别人的帮助或得到别人的帮助后的心理感受；“价值取向”，即在社会化过程中逐渐形成相对稳定的评价事物的标准和态度。

高度的自我敏感性可以外化为对他人的敏感性，即“人人为我，我为人人”，但也可能成为一种只顾自己的倾向。

所以，孩子的自我敏感性一旦产生就只关心他自己的问题，只感到需要别人的帮助，以及得到别人帮助后的自我心理感受，不会再考虑其他有利于社会的任何行为，从而走向犯罪。

自私自利的人往往自我敏感性极高，以自我为中心，对社会对他人极度依赖与索取，而不具备社会价值取向，对他人与社会缺乏责任感。

自私是孩子常见的问题行为，父母会发现家中原本大方的孩子变得自私了，他不再乐意与别的孩子分享玩乐，更不允许你把他喜爱的东西送到别的孩子手中，甚至只是有人碰了一下他的东西，他就会大喊大叫、暴跳如雷。

总之，导致孩子的自私有以下五个原因。

1. 独生子女的特殊性所致

独生子女普遍存在着自私的问题。是因为独生子女是家中唯一的孩子，“垄断”了父母整个的身心。

家里有什么好吃的东西都先仅孩子享用，孩子有什么要求，父母就尽量满足，久而久之，自然而然地使他养成了自私的毛病。加之没有兄弟姐妹，缺乏合作、分享、谦让、奉献等集体生活的经验，容易形成以自我为中心的思想观念。

2. 年龄特征所致

心理学研究表明，在孩子自我意识形成和发展的最初阶段，他们的心理活动都单纯围绕自我出发，接触、了解与自己紧密相连的人和事，获取自己想要的一切东西；他们所提出的任何要求，都是从满足自己的生理和安全的需要出发，不知道考虑别人对此有什么想法，更难以理解别人可能有完全不同于自己的看法。到了两三岁以后，随着孩子社会活动范围的扩大和交往经验的积累，才逐渐在主观上产生“你”“我”的区别，逐步能从客观的角度看待自己。

因此，在孩子心理发展的早期阶段，如果缺乏正确的教育和引导，就很容易产生自私的行为。

3. 周围及家庭环境的影响

孩子自私行为的产生，与周围环境的不良影响有很大关系。例如，有的父母爱贪图小便宜，或与人共事斤斤计较，过于“小气”；有的父母常常叮嘱孩子自己的东西不给别人吃，玩具不许别人玩等。这些都会助长孩子的自私心理。

4. 优越的物质生活所致

随着生活质量的提高，父母在不断满足孩子的需要中，助长了孩子的霸道、自私的心理。例如，当孩子看到别人有好玩的，好吃的，而自己得不到分享时，哭闹后父母就会满足，从而滋长了孩子对物质的索取，不断滋生自私的欲望，欲望无止境，自私便随之而生。

5. 在交往中不懂得分享所致

很多孩子在玩同一玩具与人交换时发生争吵，往往是因为不懂得恰当的商议、沟通及分享造成的。

大家都想玩，也明白别人也想玩，但矛盾在于怎样选择一个两全其美的方法。父母虽然意识到了分享的意义，但由于对其含义理解不够深刻，欠缺了对孩子心理的疏导。

【案例 1】

据说生活在清代康熙和雍正年间的桐城人张廷玉，他是满清入关后，父子入阁拜相的汉人。当年张廷玉在家乡盖相府时，邻居与他的家人争三尺地。官司打到县衙里，张家总管便立即写信到京城告知相爷，希望相爷写封信给县令关照一下。

张廷玉看完信后，在原信上批了一首诗寄回：“千里求书为道墙，让他三尺又何妨，长城万里今犹在，谁见当年秦始皇。”

接到回音，总管立即吩咐让了三尺地出来，邻居一见也让出三尺地来，于是留下六尺空地，成为人人都能通行的一条巷道，后称为“六尺巷”。

由此张廷玉名声大振，备受乡邻的称赞。

【分析】

只有自我敏感性和社会行为有效结合在一起，个人价值和社会价值才能充分发挥，才能助力家庭和美，社会和谐。

【案例2】

朋友的女儿文文是家中最年幼的孩子，家里的玩具、饮食都由她先挑选，平时只要她看上眼的谁都不许动。

有一次，文文应邀参加小朋友的生日聚会，规定每个小朋友都要带一样礼物来抽奖交换，文文带了一个洋娃娃作为礼物，结果，抽签时被别的孩子抽走了，文文大哭起来，死活不肯接受她自己抽中的礼物。

为了安抚她的情绪，小朋友的妈妈另外送她一份礼物，文文仍然不愿意，独自一人缩在角落生闷气。

文文的妈妈看着满脸泪痕的文文，心疼不已，知道文文是因为没抽中自己带来的礼物而哭泣，文文爸爸满脸怒气地说："为什么不让抽中文文礼物的孩子让出那份礼物呢？"

小朋友的妈妈听了文文爸爸的话，不高兴地反驳道："当初说好的抽奖是为了交换礼物，怎么可以破坏规矩，强迫抽中礼物的孩子让出礼物呢？"

文文妈妈听出对方话中的不悦，连忙出来打圆场说："我们家文文在家一向被惯，只要她想要的东西别人都得让着她。"

小朋友的妈妈说："别的孩子在家同样是宝贝，娇宠是在自家里，到了团体中，就要平等。”

小朋友的妈妈的话说得太直接，文文的父母拉着哭哭啼啼的文文匆匆离去。

后来，孩子的群体活动，再也没邀请文文，文文在父母的袒护之下，“自我为中心”的行为很快形成了习惯，周围的朋友也越来越少，后来，与人沟通的能力也随之下降。

【分析】

文文的行为验证了专家提出的“孩子自私的自我敏感性、价值取向与社会行为有着一定的内在联系，在一定的条件下极可能形成高度敏感性”这一论述。在现代物质条件比较优越的环境中，孩子一定要在父母的正确教育和引导下，跳出“自我为中心”的思维模式，在集体生活中学会按规则办事，懂得合作与分享，包容和理解。

认知：

理解：

做件什么事	怎么做的	做中的感悟

准备：

学会做：

遏制孩子自私蔓延的方法

自私是一种较为普遍的病态心理。

“自”是指自我；“私”是指利己，“自私”指的是只顾自己的利益，不顾他人、集体、国家和社会的利益。

自私程度不同，危害也不同。轻的是计较个人得失、有私心杂念、不讲公德；重的则是为达到个人目的，侵吞公款、诬陷他人、杀人惹祸、铤而走险。

“自私”是万恶之源。贪婪、嫉妒、报复、吝啬、虚荣等病态的社会心理从根本上讲就是自私的表现。

为遏制孩子的自私蔓延，我们提供以下方法供大家借鉴。

1. 让孩子深知“家庭”的概念

让孩子有家庭观念，即知道孝敬爷爷、奶奶、姥爷、姥姥和爸爸妈妈。例如，家里买了好吃的东西，告诉孩子这个食物先给爷爷、奶奶、姥爷、姥姥送去，然后，再给爸爸妈妈送一份，剩下的才留给自己，如家里有一个成员赶不及回家吃饭，要提前拨出一份留给他，让孩子脑子里有他人。

2. 适当帮大人做些小事情

在孩子小的时候可以适当让他帮大人做些事情。例如，妈妈在厨房炒菜，可以让孩子帮忙把菜端到餐桌上；一家人去超市买了很多东西，可以让孩子适当提一些轻的东西。在孩子帮大人做事情的同时要肯定他的行为。比如，可以称赞孩子：“宝贝，今天你帮妈妈提东西，让妈妈轻松不少，谢谢你！”

3. 不要拒绝孩子的好意

很多父母都明白要教育孩子不能自私，要学会分享，教育孩子时，孩子怎么也听不进去，可以试着让孩子把自己的东西分享给爸爸妈妈吃，孩子分享时千万不要拒绝孩子，因为“拒绝”就打击了他（她）“分享”的积极性，欣然收下并且肯定孩子的这种行为，有助于遏制孩子的自私。

4. 父母给孩子树榜样

孩子在家时间最长，父母的一言一行时常都会影响到孩子。为避免孩子自私性格的产生，父母除了正面引导孩子有同情心，还要在日常生活中遇到有需要帮助的人，和孩子一起提供帮助。例如，外出旅游，遇到摔倒的小伙伴，主动将小伙伴扶起，告诉孩子这样做是对的；在街上看到乞讨的人，和孩子一起给乞讨人以物质上的帮助；遇有捐赠献爱心活动时，带着孩子积极参与并告诉孩子：帮助别人是一件快乐的事。久而久之，孩子就会关爱他人，即可避免自私欲的滋生。

5. 结合动画形象让孩子乐于助人

一般孩子都对动画充满兴趣，他们也愿意模仿动画中的主人公的行为，这种榜样的作用远大于父母的说教，通过图书、动画、辅助玩具的互动，培养孩子的同情心，可避免孩子自私性格的形成。

6. 培养孩子的合作意识

合作意识是孩子应该具备的人格品质。所以，父母应当加强对孩子合作精神和利他意识的培养，要让孩子懂得为他人着想，常常体会为别人付出的幸福。

7. 在孩子心中树立父母的威信

在家庭里不能让孩子从小养成随意对长辈发号施令、无理取闹的恶习。孩子若从小就藐视父母的权威，不懂得尊重自己的父母，那么他成人后更不会懂得尊重别人。当然，要做到这点，父母需要有很强的心理承受力。

8. 要戒除护短心理

当今独生子女的自控自律性比较差，做父母的要善于听取别人对孩子的批评忠告，并注意观察孩子的一点一滴，要及时把握时机纠正孩子的错误，以免孩子小错不改，酿成大祸。

教育子女是一个不断学习和探讨的过程。父母偶尔的失误不会使孩子受到严重的损害，但那些持续不断的错误就会在孩子身上留下永久的痕迹。

避免给孩子留下这种伤痕的办法是：掌握孩子生理、心理特点，懂得什么年龄段会出现什么情况并采取相应的管教态度。

9. 要求孩子自己的事自己做

让孩子自己的事自己做。可开展一些有代表性的活动，如让孩子利用自己掌握的知识把衣服洗得干净、把菜做得更好吃、让家里的计算机上网速度更快、让家里的环境更优美、让家里的消费更合理、让地里的庄稼多打粮食、增加收入等。

10. 无私的心理训练

要让孩子认识自私的危害，就不要让孩子尝到自私的甜头，让孩子多吃点苦。具体的训练方式可参照以下几种。

（1）让孩子多参加集体活动；

（2）设置些生活的难题让孩子做；

（3）设置些障碍让孩子体验挫折；

（4）及时掌握孩子在集体活动中的表现；

（5）帮助孩子搜集成功的案例；

（6）帮助孩子总结失败的教训；

（7）让孩子在同学和邻里间多交朋友；

（8）有意识地多和孩子交谈；

（9）和孩子一起做游戏；

（10）鼓励孩子，让孩子知道怎样和邻里的孩子相处；

（11）欢迎邻里的孩子或朋友的孩子到家中做客；

（12）鼓励孩子常注意周边有困难的邻居并给予帮助。

父母帮助孩子克服自私心性，孩子就会走出以自我为中心的困境，未来的生活才会更精彩。

认知：

理解：

做件什么事	怎么做的	做中的感悟

准备：

学会做：

从小就要刹住孩子自私的心理

孩子自私心理的产生是其心理发展与后天的环境交互作用的结果。首先，孩子的自私心理与其自我意识有着密不可分的关系。

一岁多的孩子正处于自我意识的萌芽期。

随着孩子自我意识和认知能力的增强，两三岁的孩子逐渐懂得区分出“我的”和“你的”，开始出现了占有欲，产生了自私心理。这一时期孩子思维发展的典型特点是“自我中心”。处于自我中心思维中的孩子只会从自身的角度看待和思考问题，在他们看来一切东西都是“我的”，不允许别人碰自己的东西。也正是由于这种“自我中心”使孩子在与同伴的交往中“随心所欲”，不会自我克制，不会协调办事，因而出现抢夺别人的食物和玩具的现象。所以，孩子有“不舍得把自己的东西分给别人，别人的东西却要据为己有”等表现是正常的。

其次，独生子女的家庭父母的错误教养方式也可能造成孩子的自私心理。独生子女在4—2—1的家庭模式中处于“中心”地位，祖父母、外祖父母和父母的呵护强化了他们的自我意识，家中没有能与其分享物质和情感的兄弟姐妹，使他们缺乏了集体生活的体验，导致他们难以处理自己和同伴的关系，不关心他人利益，便时常表现出自私的一面。

在这样的家庭环境中，孩子很容易产生优越感，如果祖辈和父辈再过分宠爱，家中一切以孩子的情绪变化和要求为中心，对孩子总是有求必应，就会使他们养成“以我为中心”的不良习惯。

有的父母甚至容忍、迁就孩子的错误，当孩子与同伴发生冲突时，总是袒护自己的孩子，从而助长了他们的自私行为。父母之间或父母与邻里之间为一些小事斤斤计较，公交车上鼓励孩子抢占座位等，都可能使孩子在耳濡目染中逐渐产生自私的心理。

缺少同伴交往的孩子很难改变自我中心状态，因为他们心理脆弱，容易产生孤僻、自卑行为等心理问题。在孩子生理发展过程中由于自我意识的发展而产生的自私自利现象，父母要想办法加以引导，帮助他（她）摆脱自我中心的束缚；学会给孩子理智的爱，防止孩子独占意识膨胀，逐步养成利他行为。

除了给孩子提供丰富的物质条件、讲一些有关故事，父母们不妨尝试以下方法来引导、帮助孩子克服自私心理。

（1）从吃饭做起。吃饭时，最好全家人一起吃，而且“好东西要大家吃”。对于任何好吃的东西，家庭成员每人都要有一份。让孩子知道，吃好东西不是她的特权，爷爷奶奶、爸爸妈妈也喜欢吃。久而久之，孩子就会养成习惯，学会分享，即使是别人送她的东西，她也会记得给父母留一点。

（2）让孩子学会履行义务。摆正孩子在家庭中的位置，让孩子认识到自身的价值。在满足孩子吃、穿、玩、学习等需要的同时，应鼓励孩子干些力所能及的家务活，如自己收拾玩具、摆凳子、分碗筷等，使孩子明白自己也是家庭一员，应该为家人尽点义务。

（3）要跟爷爷、奶奶、姥姥、姥爷多沟通，让他们意识到“溺爱”对孩子的不良影响，对孩子的要求达成一致意见，以免孩子过多依赖，降低了父母的威信。

（4）以身作则，给孩子树立良好的榜样。父母是孩子行为模仿的主要对象，父母的行为要事事垂范。

家庭成员之间关系融洽，与邻里和睦相处，好吃的先让给老人，给生病的家庭成员特别的照顾，出门坐车主动让座等，使孩子在父母行为的耳濡目染中学会关心别人，克服自私心理。

（5）反复训练孩子的利他行为，对孩子的良好表现要及时给予强化。

平时就要培养孩子谦让长辈，谦让同伴，谦让客人的好习惯。当发现孩子表现出礼让、把自己心爱的玩具拿给小朋友玩、主动让座等好的行为时，应及时给予表扬和鼓励，激发他们继续做的愿望。

（6）逐步延迟对孩子的满足。比如，当孩子有某种需求时告诉孩子：如果能坚持与别人分享自己喜欢的食物或玩具，不抢夺别人的东西，妈妈就奖励一个你喜欢的芭比娃娃等，延迟满足可以降低孩子的欲望，防止自私心理膨胀。

【案例 1】

饥饿年代的一个中秋节，莫言家吃了一顿饺子。

这时，外面来了一个乞丐，莫言就给他抓了一把“红薯干”，谁知乞讨的老人，不愿意接受莫言给的红薯干，也要吃饺子，莫言很生气，说：“我们一年也吃不上几次饺子，只能一人一小碗，连半饱都吃不了！给你红薯干就不错了，你要就要，不要就滚！”

母亲立刻训斥了莫言，然后端起自己那半碗饺子，倒进了乞讨老人的碗里。

【分析】

在孩子的生活教育中，父母应该以身作则做好垂范，树立榜样，“刻意”地培养孩子的利他行为。莫言的妈妈不仅遏制了孩子的行为，还主动做出榜样，这就是父母对孩子的正确引导。

【案例 2】

孔融，字文举，东汉时期山东曲阜人，是孔子的第二十世孙。七岁生日那天，正好是他祖父六十大寿，来客很多。

有一盘酢梨，放在寿台上面，母亲叫孔融把它分了。于是孔融就按长幼次序来分，每个人都分到了自己所得的一份，自己的那一个是最小的。

父亲奇怪地问他：“别人都分到大的梨子，你自己却分到小的，为什么呢？”孔融从容答道：“树有高低，人有老小，尊敬老人，敬重长辈，是做人的道理！”父亲很是高兴。

孔融小时候聪明好学，才思敏捷，巧言妙答，大家都夸他是奇童。

四岁时，已能背诵许多诗，并且懂得礼节，父母非常喜爱他。

一天，父亲的朋友又带了一盘梨，给孔融兄弟们吃。父亲又叫孔融分梨，孔融还是挑了个最小的梨，其余按照长幼顺序分给兄弟们。

孔融说：“我年纪小，应该吃小的梨，大梨该给哥哥们。”

父亲听后十分惊喜，又问：“那弟弟也比你小啊？”孔融说：“因为弟弟比我小，所以我也应该让着他。”

孔融让梨的故事很快传开了，并成了古往今来许多父母教育子女的好例子。

【分析】

孔融让梨的故事告诉我们，孩子一旦学会了分享、礼让，就会得到大家的认可和赞扬。孩子从小受到更多的肯定和鼓励，不仅能激发孩子内在的优秀品质，孩子长大后，就更容易成为尊重他人，也受他人尊重的人。

认知：

理解：

做件什么事	怎么做的	做中的感悟

准备：

学会做：

本章复盘

◎ 小问题

回答下面的问题，帮助你理解遏制孩子的自私在家庭教

育中的必要性

1. 遏制孩子的自私的目的是什么？
2. 遏制孩子的自私首先要做到什么？
3. 遏制孩子的自私的步骤是什么？
4. 遏制孩子的自私有哪些要注意的环节？
5. 遏制孩子的自私有什么效果和表现？
6. 遏制孩子的自私和掌握知识应该如何区别？
7. 遏制孩子的自私的方式不同，效果有什么不一样？
8. 遏制孩子的自私的问题有哪些？

如何做更好的父母

◎收起你的懦弱，摆出你的姿态，重视起遏制孩子的自私，不要打击孩子的积极性！

◎就算周边的人（含家庭成员）都否定孩子，你也要相信孩子，不要管别人的看法。

◎孩子的能力是通过遏制孩子的自私表现出来的，要相信，世上本没有做不到的事，只有不做，才适得其反。

◎不管孩子如何，都可能不被欣赏，总有人认为他不够好，不管别人怎么看，你都不能不注意遏制孩子的自私！

“管理好自己”思考题

【反向思维】

◎遏制孩子的自私没有用，孩子就是不愿意学习！

◎遏制孩子的自私到位了，孩子还是不好好学！

◎我遏制孩子的自私，道不同不相为谋！

◎遏制孩子的自私不到位，反而被别人瞧不起！

【正向思维】

◎遏制孩子的自私之后，家庭和睦了！

◎遏制孩子的自私之后，孩子的能力提高了！

◎遏制孩子的自私之后，父母与孩子相处更融洽了！

◎遏制孩子的自私之后，父母与孩子的误会没有了！

与心对话

每日一问：

家庭生活中总有一些磕磕绊绊的冲突点，很多事情都需要遏制孩子的自私，你面对这些问题是怎么解决的？你身边的家庭又是怎么处理的？

请将在家里看到的记录下来：

陶行知说：爱是一种伟大的力量，没有爱就没有教育，教育的最有效的手段就是爱的教育。你的教鞭下有瓦特，你的冷眼里有牛顿，你的讥笑中有爱迪生。你别忙着把他们赶跑。你可不要等到坐火轮、点电灯、学微积分，才认识他们是你当年的小学生。

Part 4

让孩子充满无私的“爱”

- 让孩子从小就学会“爱”
- 培养孩子“博爱”的胸怀
- 爱要从关爱他人开始
- 给孩子释放“爱”的机会
- 常带孩子献爱心、做善事
- 要像爱自己一样爱别人
- 时刻关注孩子的那点“爱”

让孩子从小就学会“爱”

培养充满“爱”的孩子，需要一个充满“爱”的家庭环境，“爱”是家庭的基础，家中有了“爱”才有一切，爱才会伴随孩子成长。

陶行知说：教师要“爱满天下”。“爱”也是为人父母不可或缺的品质。从孔子的“仁爱”到墨子的“兼爱”都说明了爱在家庭中的重要性，在家庭教育中，亟待解决的是“爱”的缺失问题，尤其是改革开放以来，人们的物质生活发生了变化，对于传统的道德、良心产生了更多的困惑。作为父母有必要弘扬爱的精神，更好地对孩子进行爱的教育。

爱由理解、尊重、信任、关心、宽容、要求、奉献等七个内容组成。

1. 理解是爱的前提

每个孩子的性格特点、兴趣爱好与认知水平都有所不同，在家庭中如果没有理解就很难进行思想的交流，难以与孩子之间达到情感上的共鸣，也就是说：父母要站在孩子的角度分析问题，遇有难以解决的问题，要学会“转移视角”或进行“心理置换”，只有这样，才能真正理解孩子的困窘、愿望与要求，让父母对孩子的“爱”落到实处。

在家庭生活中不管孩子出现任何“问题”，都是孩子生长过程中自然出现的现象，父母不必“大惊小怪”，要相信和理解孩子，并关心孩子的方方面面。

2. 尊重是爱的契机

爱不是怜悯，不是施舍，也不是吞并。爱是对生命的呼唤，是在唤起孩子对生命的热爱、激发生命的活力。

父母只有尊重孩子，才会使孩子感到爱的关怀，对孩子没有最起码的尊重，就没有真正的爱。

父母在教育孩子时，如果孩子拼尽全力还是事与愿违造成错误时，父母要用真诚的鼓励和温和的话语保护孩子的自尊心，使孩子感受到“爱”的力量。

3. 信任是爱的桥梁

“爱”体现在父母与孩子之间的一种信任。父母信任孩子，相信孩子有战胜困难的勇气，只要有改正缺点、认识错误的想法，有积极上进的愿望和决心，就一定会取得进步。

父母要常用信任的目光感化孩子，如果没有信任，爱和关心都是无力的，孩子只有建立了对父母的信任，才能从内心里接受父母的爱。

4. 关心是爱的体现

父母了解孩子的需求后，要时时关怀孩子的疾苦，努力去帮助孩子。

父母对孩子的爱是细腻、无微不至的，当孩子觉得自己被关注，而不是被忽略、遗忘时，就会产生快乐的感觉，更乐意接受父母的爱。

5. 宽容是爱的润滑剂

家庭中的冲突是不可避免的，如果我们面对这些冲突，以恶相对或用“冷嘲热讽”的方式对待，就会加剧矛盾形成恶性循环。例如，孩子好奇、好动，常常会做一些“破坏性”事情，父母站在孩子生长的角度，肯定孩子，这是在进步、在创新、在创造、在发展、在生长，以这样博大的胸怀来对待，设身处地为孩子考虑，这种宽容的态度就会让孩子意识到：自己行为的不足和存在的问题得到的是如此的宽容，就会增加孩子对父母的爱，冲突就会缓解。

6. 要求是爱的保证

真正的爱不是无原则的迁就和无度的娇宠，而是伴随着合理的要求，让孩子从父母的要求中感受到被信任、被期待。

父母要相信：一个孩子之所以撒谎是有原因的，父母要相信孩子一定会根据父母的要求克服自身的缺点，改正自身的错误。由此进一步接受父母的“教诲”，把这种“教诲”变成一种走向新生活的动力。

7. 奉献是爱的实质

爱之所以伟大就在于它首先想到别人。利人必先克己，达己必先达人。

爱是一种态度，是一种高尚的行为，它是无私、无条件、不求回报的奉献，如父母对孩子的养育是无私的奉献，父母只有将对孩子的爱付诸行动，才能体会这种爱所带来的快乐和幸福。

认知：

理解：

做件什么事	怎么做的	做中的感悟

准备：

学会做：

要培养孩子“博爱”的胸怀

“博”即“大、深、远”，“爱”是对客观事物的向往。“博爱”两个字组合在一起，“博”主宰“爱”的方向，决定人生的命运，同时也起到衬托美好生活的作用，说明怎样地爱。

爱必须有客观事物的存在，才能产生发自内心的向往，从而产生爱的行动。

“博爱”是不以人的意志为转移，并在人们的主观意识中反映出来的客观现实。“博爱”是人与人之间的互相关心、互相帮助。“博爱”促使“人人平等”、人人都有一颗热忱的爱心。

1.“博爱”是用一种热忱的心，去帮助所有需要关心的人

“博爱”既无私又广大，既能把爱给予亲人，给予朋友，也能把爱给予不认识的人。

“博爱”能让人心胸广大，心底无私，心中有了爱，再暴躁、再自私的人也会变得柔情似水。

2.“博爱”是以“爱满天下”为基础

“博爱”，包括爱集体、爱祖国、爱人民、爱生命、爱人类的生存环境、爱大自然、爱人类的劳动创造、爱文明进步、爱一切真善美的事物。做到：“我爱人人，爱万物，人人爱我，万物爱我”，倘若世界充满了“爱”，敌视、仇恨

等矛盾将一一化解。

3. 让“博爱”促使孩子成才

“博爱”是要有博大的胸怀，能容得大千世界，例如“厚德载物”讲得就是这个道理。父母爱孩子，就要用宽厚且远大的胸怀去爱，承载包容孩子的所有过错，使孩子健康成才。

德国伟大的教育家福禄贝尔说：“国民的命运与其说是操在掌权人手中，倒不如说是操在母亲手中。”这句话千真万确。

“没有了‘爱’，人类将会怎样”这则广告含金量极高，寓意无穷，让人产生无限遐想，我们完全可以理直气壮地再做一则广告：“没有了父母，世界又会怎样？”父母本身是“爱”的象征，是父母繁衍了人类，孕育了世界。

4. “博爱”使父母和孩子的关系更融洽

“博爱”是心灵的交流，是生存的保障，是家庭幸福的基本保障。“博爱”不只是解决家庭以谁为生，而是解决人们为何而生，为何而活，为何而发展、进步的最根本的问题。

有“博爱”的父母可以把普普通通的人引向光明，引向希望，没有“博爱”的父母极有可能把原本不错的孩子引入歧途，直至毁掉孩子的一生。

父母怎样做，孩子就会怎样做；父母怎样对待孩子，孩子就会怎样对待别人；父母怎样生活，孩子就会怎样生活；父母是什么样的人，孩子就会成为什么样的人，由此可见，父母言传身教、潜移默化的榜样作用有多大啊！

黎巴嫩诗人纪伯伦讲得绝妙：“父母是一张弓，孩子就是落在弓上的箭头，良弓无臭箭！”讲的就是这个道理。

5.“博爱”使社会更加和谐

“博爱”是家庭与社会和谐的原动力，它可以让每个人自觉地遵守社会公德，以饱满的热情投入社会学习与工作。

千百年来，“博爱”一直是中国人的优良传统，如孟母“三迁”、中华史上二圣、岳母刺字“精忠报国”、千古流芳的民族大英雄岳飞等。

“前人栽树，后人乘凉”，父母只有给孩子栽上“博爱”之树，才更有利于孩子未来的发展。

6.“博爱”可以化解人与人之间的矛盾

“博爱”是一种宽容，不少人都把“严于律己，宽以待人”作为人生的座右铭，就是因为人非圣贤，孰能无过，即使是圣贤也应有“博爱之心”。

人与人之间不可避免地常常出现摩擦，由于“博爱”的作用，才能使“摩擦”逐步消除，减少更多的猜疑与误解，使生活更加完美。

【案例 1】

在美国有这样两个家族：

一个是爱德华家族，一个是珠克家族，两个家族分别已经繁衍到第八代。

老爱德华是一个知识渊博的哲学博士，他的八代子孙中，有 13 人任学校校长，有 100 多位是学校教授，有 70 多位是文学家，有 60 多位是医生，还有 20 多位是议员，其中有一位当过副总统。

而珠克是一个浑浑噩噩的赌棍和酒鬼，他的八代子孙中：有 300 多人沦为乞丐，400 多人因打架斗殴而致残致死，100 多人犯罪入狱，其中有 7 人是杀人犯。

【分析】

这是多么鲜明的对比啊，两个家族两重天。爱德华孕育了“博爱”子孙，珠克的行为祸及后代。“博爱”化解了人与人之间的各种矛盾，使人们的生活走向不断的幸福，反之，则走向深渊。

【案例 2】

山口百惠的演技可谓炉火纯青，她同时还是一位世人拥戴的歌星，正当她的影迷们陶醉在“山口百惠”时代，尽情地欣赏她精湛的表演技艺时，她却因为一纸婚书，毅然决然地告别影视界，全心全意回归家中，尽心尽责地做起三浦友和太太来，心安理得地生儿育女去了。

像山口百惠这样有世界影响的艺术家都舍得成婚息影，那么对于一般的美国知识女性学成后回归家中做家庭主妇，实在是不足为怪了。美国 15 岁以上的女性全部脱盲，在做母亲之前，先要上完学校，已经成为一种社会时尚。甚至有这样的说法：美国女孩子接受高等教育纯粹是为了置办嫁妆，为了抬高择偶身价。一位女中孩子在接受采访时居然羞涩地对记者说：“我的理想是做一个新娘。”

“爱”使父母更善于体谅、理解有过错或不良行为的孩子，“爱”是实际行动的爱，是父母的模范行为，父母的“爱”通过眼神、表情、语言、声调、动作向孩子传递，家庭内外无所不能，这些发自内心的虔诚、尊重和珍爱，不是表演、不是敷衍，是真情的自然流露。

【分析】

每个人都有自己的价值追求。我们应平等地尊重他人。

认知：

理解：

做件什么事	怎么做的	做中的感悟

准备：

学会做：

爱要从关爱他人开始

父母只有全身心地关注孩子的发展，远离了“考试分数”的歧视，让孩子远离“筛选”和“甄别”，孩子的潜能在这种和谐的环境中才会真正地释放，父母如果尽可能地创设适合孩子健康成长的环境，让孩子们互相交流、各展所长，孩子会更快乐地成长。

让“爱”成为“耐心和毅力”的催化剂，“爱”的耐力和毅力贯穿孩子成长的整个过程，是一种量的积累，父母给予孩子的爱越多，越有利于孩子的成长。因此，父母给孩子的爱一定要持之以恒、坚韧不拔。

一个时常关心别人，与别人分享幸福的人，一定是品格高尚、修养深厚的人，也是一个深受爱戴、享受众人爱戴的人。父母爱孩子，包含以下几点。

1. 心中常怀博爱之心

冷漠是关爱的敌人，同情和关心都是基于爱心。

充满爱心的人，会把别人的苦难当作自己的苦难，会把别人的需要当作自己的需要，真诚地尊重和帮助周围的每一个人，就会从中分享到帮助他人的快乐。

2. 经常反观内心

认识自己是一项重要的能力，让孩子经常地反观自己的内心，感受自己的内心感受和内心活动，并准确地表达出来，是一种很好的训练孩子有爱心的方法。

3. 学会换位思考

我们站在不同的立场，从不同的角度看问题，就会有不同的感受，得出不同的结论。父母常引导孩子转换角色，把自己当成别人，把别人当成自己，既可培养孩子设身处地为他人着想，又可使孩子养成关爱别人的习惯。

4. 学会交流与沟通

耐心倾听他人的诉求，分享对方的观点，就是对他人的关心；让孩子常通过表达自己的感受，与人分享自己的悲喜荣辱。通过交流、沟通彼此的观点，协调各方的利益，理解各自的需求，便能更好地与他人分享各种物质、精神和文化成果，增强对他人的信任。

5. 让孩子留心细节，善于观察

事物的细节中隐藏着人的内心秘密，只有善于观察，才能洞察他人的内心世界，更好地同情和关心他人。

【案例 1】

一个雨天，一位衣着朴素的老妇人走进一家商店，多数柜台人员都没有理会，只有一位年轻人上前询问：“我能为您做些什么？”老妇人回答说：“我只是在这里等雨停。”销售人员拿给她一张椅子，老妇人感动地坐下。

雨停之后，这位老妇人向这位年轻人说了声谢谢，并向他要了一张名片。

几个月后，这家商店店主收到一封信，信中指出要求派这位年轻人前往苏格兰一座城堡，送一批价值 5000 万美元的货物！这封信就是那位雨中来店避雨的老妇人写的，原来她就是美国钢铁大王卡内基的母亲。

【分析】

给别人爱，自己就一定能获得更多的爱，这个案例又一次佐证了：只有爱别人，才能得到更多的爱。

【案例 2】

小刚今年 12 岁了，学习优秀，是家里的独生子。他平时在家里从不做家务，就连自己的内裤、袜子等都是妈妈和奶奶给洗。

妈妈常说：“你只管好好学习，我只要你的成绩，家务琐事不用你管。”

平时，爸爸妈妈上班，午饭都是奶奶做，小刚进门就吃饭。可有一次，小刚回到家奶奶躺在床上，没做午饭，告诉小刚说：“你自己出去买点吃的，奶奶今天不舒服”。

没想到小刚只买了自己吃的，吃完就上学去了。奶奶要不要吃？需不需要上医院看看？他连问都没问，而且压根都没想。平时亲朋好友来家里，小刚也很少打招呼，总是钻在自己的屋里学习，亲戚家里有啥事，自己家里发生的事，他都很少知道，用小刚的话说，他只要学习好，不想知道家里这些闲事。

在学校里，周围同学谁生病了，有什么事没上学，小刚也一概不关心。

一次，同桌的女生发烧，老师说要找两个男生把她送到医院，很多男生都主动举手要去送，但小刚一直埋头写作业，好像没看见一样。

因为小刚学习优秀，老师想让他当班上的学习委员，也能帮助其他同学一起进步，没想到小刚一口否决并对老师说：“我妈妈对我的学习成绩要求很高，怕当班干部会浪费我的学习时间，不让我当班干部，管好自己就可以了，我考高分不也是对班级的贡献吗？”

【分析】

小刚为了考高分，不做家务，不关心老人，不愿意为他人服务，甚至亲朋好友之间的交流都没有了，日后即使考再高的分，上再好的大学，找再好的工作，还有什么用呢？

认知：

理解：

做件什么事	怎么做的	做中的感悟

准备：

学会做：

给孩子释放“爱”的机会

1. 随时给孩子创造献“爱心”的机会

带孩子坐公交车时，看到有老人上车，父母先起身让座，就会让孩子感觉到“博爱”的公德，是一件有意义的事。

耐心细致地“养”孩子并不是竭尽全力地“教”孩子，把孩子堕入不幸的父母，也不是好父母。有的父母爱孩子却不知道教孩子如何做人，凡事对孩子大包大揽，也算不得好父母。我们说送孩子一个快乐童年、一个光明未来的父母，才是好父母。

养育出好于父母的孩子，才是成功的父母。

巴洛讲：“教育从坐在母亲的膝上开始，凡母亲说的每一句话，能被孩子听到的，都会影响到孩子的品格。”

父母教育孩子有着得天独厚、无可替代的优势，而且责任重大。在时间上，父母与孩子朝夕共处；在空间上，父母对孩子的教育无所不在；在感情上，血浓于水，这些都是父母教育孩子的最大资本。由于孩子的模仿能力强，他们把自己最亲近的人、最可信赖的人作为榜样去效仿，以父母的做人标准去做人，以父母的眼光去看世界，于是便有了“有其父，必有其子”“一个好孩子，必定有一个好母亲”“一个好父亲，胜过一百个好校长”的格言。

2. 引导孩子关心周边的人

孩子放学后，父母跟他聊聊天，节假日带孩子看看学校的教师、听听孩子在学校有什么特别的、有趣的事情，这些都是父母引导孩子关心他人的素材。

又如，听到其他小朋友有困难，主动告诉孩子：去问问同学是否需要帮助。让孩子从小就体会帮助别人的快乐，增强怜悯之心等均有利于孩子养成关心他人的习惯。

【案例 1】

石一夫妇把女儿教育成人，使女儿 17 岁就已经获得 50 多个奖励证书，其中有 20 多个国际奖、30 多个艺术奖，女儿的事迹还被收入中国名人辞典。

女儿并非神童，小时候测智力时，曾被医生视为智力不高，10 岁还懵懵懂懂，父母让她出去买东西，一次只能记住一件，买不了两样东西。

在父母的精心教育下，硬是将这么一块普通的石头，雕琢成一块熠熠生辉的美玉，再一次验证了“养不教，父之过”的俗语。

父亲给女儿上的第一课是“要谦虚、不挑食”六个字。

女儿长大才明白父亲的苦心，女儿说：“要谦虚”是要虚心地学习别人的长处，“不挑食”是养成艰苦、不挑剔的生活习惯。

父母为了让女儿对万物生成感恩与爱的兴趣，就让女儿用关爱的情绪，关注各类事物，在家中养了一些宠物，像狗、猫、鸟、鱼。从让孩子饲养动物、培养植物开始了解万物生长的规律和意义，从中悟出任何事物都需要尊重的道理，让孩子充分和宠物、花草接触，女儿从小就体会到生命的尊严，并对万物产生了爱心，自己也更加努力地学习和生活。

【分析】

“爱孩子不等于宠孩子”，当孩子犯了错误时一定要教导他（有些时候该处罚的一定要处罚），帮他总结出错误的原因、教训。

对孩子处罚和教导时一定要做到：有理有据，而且绝不是情绪化的“打骂”，必须让孩子知道：一错在哪里，二接受什么教训。这是养成孩子人格的关键。只有这样，才不至于使孩子走向偏离人生正确方向的轨道上去。

【案例 2】

姑妈原来是北京某国棉厂的车间党委书记，对于人生哲理和子女教育非常有研究，现在已经八十高龄了，每次去看她，姑妈总是先问一下目前的情况后，就开始给小彪讲故事。当时，小彪只是觉得姑妈讲的故事很有趣，但后来在学习与工作中只要遇到难题便想起姑妈讲的故事，是姑妈的故事和生活、工作中的经验，鞭策着小彪的生活、学习和工作不断进步。

小彪现在也已年过半百，还一直依偎在姑妈的家庭教养下，每逢佳节，总是要去聆听老人家的教导，这就是家庭教育的魅力。

【分析】

多给孩子讲一些有助于他进步的故事和自己的亲身经历是一种寓教于乐的教育方式，如根据孩子成长经历的不同，选择不同的故事讲给孩子听，有利于孩子成长。

认知：

理解：

做件什么事	怎么做的	做中的感悟

准备：

学会做：

常带孩子献爱心、做善事

每逢佳节，有不少公益性社会团体都会安排去参观孤儿院、敬老院等社会福利场所，这都是教育孩子的好机会。

父母应抓住这样的机会，对孩子进行教育。如果没有这样的机会，可有意安排孩子到附近有困难的人家走走，把旧的衣服、玩具、故事书送给有困难的孩子，这是对孩子的一种很好的献爱心教育。

陶行知说：“道德是做人之本，根本一坏，即使掌握的知识再多，技能再高也无所用。”

道德坏了，一切就都坏了，一个道德质量不好的人掌握的知识和技能越多，对社会的危害就越大，他所掌握的知识和技能很有可能成为一颗危害社会的“毒瘤”。

“道德”简单地说就是“公心”，即一心为他人着想的心。

培养孩子有“公心”，有“道德”，首先要让孩子学会“爱”，所谓“爱”就是“爱人者，人恒爱之”，懂得先伸出自己爱别人的手，才能握住别人爱自己的手。有过被爱的感觉的人，才更懂得爱别人。

这样的道理用在亲情、爱情、友情上都一样，如果为人父母想要培养出一个富有爱心的孩子，让他长大后懂得自爱、爱人，就要从小让孩子学会“爱”别人，爱万事万物。

【案例 1】

有一位名叫锐锐的小朋友，最近他家楼上住进了一位比他小三岁叫轩轩的表弟，两人平时相处不太融洽，经常争吵打闹，在锐锐父母的教导下，锐锐学会了什么是相亲相爱。

圣诞节那天，锐锐亲自送了一份小礼物给轩轩，轩轩收到礼物高兴极了，明白了表哥对自己的关爱，第二天与妈妈商量后送了一盒表哥最喜欢吃的巧克力作为回礼，从此以后，两位小朋友变得相处融洽，每逢周末都一起外出参加各类游玩活动。

【分析】

两个孩子由陌生、不融洽、经常打闹，到在父母的教导下，互送礼物，最终达到一起外出游玩，都是“爱心”起的作用，只有“爱”才能解决问题。

【案例 2】

初春的早晨，阳光明媚，一群中学生在广场进行公益宣传活动。

一声声清脆的吆喝声传来：“叔叔、阿姨，请为贫困山区的小学生献上一份爱心吧”“请捐出您的善款吧”……有位先生拿出 5 元钱放入捐款箱中，孩子们连说：“谢谢，谢谢。”脸上露出了甜蜜的笑容。又有一位小伙子拿出 10 元钱塞入捐款箱里，接着捐助的人一个接一个，越来越多……

一位坐着轮椅的青年男子缓缓驶来，拿出 100 元钱交给孩子们并说了一句：“你们辛苦了。”孩子们看着这位叔叔温和地说："先生，你可以少捐点，表达一下心意就可以了。"那位叔叔不假思索地说："我呀，经常得到别人的帮助，这一点不算什么。"说着便微笑着摇着轮椅走开了……看到这一幕，孩子们也纷纷把自己原来准备买零食的钱拿了出来，将钱塞入了捐款箱。在场的人们向他们投来赞许的目光。

【分析】

"送人玫瑰，手有余香"，这群"小雷锋""小慈善家"，温暖了更多需要帮助的人，也提升了自己爱人、爱己、爱万物的品质，多么美好的活动啊！

认知：

理解：

做件什么事	怎么做的	做中的感悟

准备：

学会做：

要像爱自己一样爱别人

有这样一个传说：在很早以前，有一位小女孩经过一片草地时，发现一只蝴蝶被荆棘弄伤了，于是，善良的小女孩轻轻走过去，小心地为它拔掉刺，并把蝴蝶放回了大自然。

后来，蝴蝶为了报恩，化作一位仙女，对小女孩说：“请你许个愿吧！我帮你实现它。”小女孩想想说：“我希望快乐。”于是，仙女在她耳边细语一番便飞走了。这个小女孩很快乐地度过了一生。

蝴蝶对小女孩说了什么，小女孩的秘诀又是什么呢？答案很简单，就是生活中要关爱身边的每一个人，像爱自己一样爱别人（图4）。

有的孩子也许会问，关爱他人是否要干大一点的事情呢？其实并不然，日常生活中很多“举手之劳”就表现在关爱他人。比如，看到地面脏了，打扫一下，给大家带来一个洁净的环境；在学校里同学不舒服了，送去一声问候，递上一杯热茶；别人正在看书，我们脚步轻轻，保持安静……都是在关心、爱别人，也只有爱别人，才能得到别人的爱。

【案例 1】

有这样一位母亲为了让女儿体验没有水的感觉，带着上幼儿园的女儿从北京千里迢迢来到甘肃的定西。

在汽车上，母亲告诉孩子：她们马上就要到一个没有水的地方了。女儿想起骆驼过沙漠的故事，便向骆驼学习，赶紧储备水。

在定西老乡家里，母女俩从一口看似干涸的井中打起一桶水，后来才知道，这是去年积下的雨水。

村民告诉他们，因用水紧张，这水得循环着使用：如先用来洗脸，然后用来洗衣服，最后再用这盆水去喂猪。

女儿说：“猪怎么能喝这样的水呢？”妈妈反问：“那你觉得应该给它们喝什么？”

“我给它们喝柠檬汁，给它们喝牛奶。”女儿一脸稚气地歪着头回答。

后来妈妈问她刚从井里打上来的水能不能喝，女儿立刻回答：“不能喝，不干净。”

“如果你很渴了呢？如果你两天没喝水了呢？也不喝吗？”

“不喝。”那天晚上小女孩哭了，不是因为她太渴，而是因为妈妈训斥了她。

老乡家数月来仅有的蔬菜便是土豆，为了招待远方来的客人，特地买来了韭菜。但当小女孩看到他们用雨水洗菜、揉面时，便拒绝吃饭。

对她来说再大的困难也不过是对口渴的难耐，于是她喝了两天来的第一口水。

一天早晨，天气都有些阴沉，似乎一场雨即将来临，好像是在给太久没下雨的土地及这两位远道而来的客人带来希望，大家期待了好久，最终依然失望了。

土地已干得裂出了一道道缝，老乡面临的将是颗粒无收的命运。

母女俩要回北京了。没想到女孩已和这儿的孩子结下了友谊，此刻的离去她们竟有些难舍。虽然那些孩子灰头土脸，衣着破旧，但可贵的是他们纯真的童心和从单纯的眼中流出的晶莹的泪花。

【分析】

挥手告别了这片黄土地，年轻的母亲让女儿体验的不只是水的珍贵，而是人的一种“爱心”，她告诉孩子的不是“要献爱心啦！”这些空洞的口号，是通过自己的行为来影响、感化孩子：要怀着一颗感恩的心去面对生活，要把“贫穷、落后”甩在身后，把一种“关爱”的体会永远留在了孩子的心里。

【案例 2】

一个小朋友拿着两个苹果，妈妈问道：“给妈妈一个好不好？”小朋友看着妈妈，把两个苹果各咬了一口。此刻，母亲的内心有种莫名其妙的失落，谁知道孩子慢慢嚼完后，就对妈妈说：“这个更甜，给妈妈吃。”

【分析】

真爱是平等的尊重、理解、欣赏、包容、提醒和等待。父母之爱是伟大的，但这并不意味着一个人有了孩子就自动成了好父母。做合格父母、正确地爱孩子是需要学习和修炼的。

认知：

理解：

做件什么事	怎么做的	做中的感悟

准备：

学会做：

时刻关注孩子的那点“爱”

陶行知说：“爱是教育的前提，没有爱就没有教育。”

作为父母，只有尊重、爱护、信任孩子，才会使孩子真正感受到来自父母的温暖和呵护，教育才富有实效。爱祖国、爱人民、爱职业、爱孩子等是师德的组成部分，爱孩子是教师师德建设的重要内容。

那些在学习、思想、行为等方面存在一定偏差的孩子，我们称之为“问题孩子”。他们往往被忽视、被冷落，殊不知，孩子看起来最不值得爱的时候，恰恰是孩子最需要爱的时候。

错过孩子的一个教育机会，说不定就错过孩子的一辈子。父母、教师都应当给孩子更多的引导和关爱，最大限度地理解、宽容、善待每一个“问题孩子”。

【案例 1】

一个雨天的早晨，我把孩子们送到学校后顺便去了一家快餐店，点了早餐。这里有几张桌子，桌上摆的是没有收拾的纸杯、盒子和法式炸土豆条。

一位年轻妇女与一个 6 岁的男孩走进来，他们坐下点菜时又进来一个男子，背微驼，穿着一件破烂的上衣。他缓慢地走向一张张狼藉的桌子，慢慢地检查每个盒子，寻找残羹剩饭。

当他拿起一块法式炸土豆条放到嘴里时，男孩对母亲窃窃私语道："妈，那人怎么吃别人的东西！"

"他饿了，又没有钱。"母亲低声回答。

"我们能给他买一只汉堡包吗？"男孩好奇地问妈妈。

当女服务员递给母子俩两袋外卖食品时，男孩突然从他的袋里拿出一只汉堡包，跑到那人坐的地方，把它放在了桌子上。

那人惊讶、感激地看着男孩转身离去。

【分析】

一个汉堡并不值多少钱，孩子能主动递给乞丐，这个汉堡的价值就提升了，孩子一颗爱心、善心的种子由此产生。孩子给周边的人都带来了快乐，大家看到了孩子的善良和一颗童真的爱心。

【案例 2】

有个孩子两岁时，第一次看见一只蚂蚁。孩子的母亲却柔声地对他说："儿子，你看它好乖哦！蚂蚁妈妈很疼爱她的蚂蚁宝宝啊！"

孩子趴在一旁惊喜地看着那只蚂蚁宝宝。

瞬间，蚂蚁遇见障碍物过不去了，孩子就用小手搭起一个小小的桥，让蚂蚁从自己手上爬过去。母亲看着满脸欣喜地夸赞孩子："真乖！"

有一次，孩子吃完香蕉将香蕉皮随手乱扔。母亲让他捡起来，带着他丢进了果皮箱里。然后，母亲给孩子讲了这样一个故事。

从前，一个小女孩，在妈妈的熏陶下，习惯性地要把垃圾扔进垃圾箱里。

有一次，只有马路对面才有果皮箱，她决定走过马路去丢雪糕纸。

妈妈眼看着她走过去，被扔在马路上的果皮滑倒了，一辆飞奔而来的汽车从小女孩的身上轧了过去，小女孩由此丧失了宝贵的生命。妈妈吓"疯"了，每天都在那个地方捡别人丢下的垃圾，感动了当地人，从此，人们再也不乱丢垃圾了，并且把那些绿色的果皮箱擦得干干净净、一尘不染，在每一个果皮箱上都贴上小女孩的名字和相片。

由此，整个城市成了一座干净、清洁、美丽的城市。

故事讲完了，孩子的眼睛湿润着对妈妈说："妈妈，我再也不乱扔垃圾了。"

【分析】

这个聪明、伟大的母亲在孩子的缺点中发现一点点优点，便用无微不至的母爱呵护着孩子点滴的进步，形成孩子永不被扑灭的光，照亮了孩子深爱生活、爱自然的心灵。

母亲对孩子的爱，就像阳光，温暖着孩子的心，像雨露，滋润、抚摸着孩子不断成长的心灵。

认知：

理解：

做件什么事	怎么做的	做中的感悟

准备：

学会做：

本章复盘

◎ 小问题

回答下面的问题，帮助你理解让孩子学会爱在家庭教育中的必要性。

1. 让孩子学会爱的目的是什么?
2. 让孩子学会爱首先要做到什么?
3. 让孩子学会爱的步骤是什么?
4. 让孩子学会爱有哪些要注意的环节?
5. 让孩子学会爱有什么效果和表现?
6. 让孩子学会爱和掌握知识应该如何区别?
7. 让孩子学会爱的方式不同，效果有什么不一样?
8. 让孩子学会爱的问题有哪些?

如何做更好的父母

◎收起你的懦弱，摆出你的姿态，让孩子学会爱，不要打击孩子的积极性!

◎就算周边的人（含家庭成员）都否定孩子，你也要相信孩子，不要管别人的看法。

◎孩子的能力是通过让孩子学会爱培养出来的，要相信，世上本没有做不到的事，只有不做，才适得其反。

◎不管孩子如何，都可能不被欣赏，总有人认为他不够好，不管别人怎么看，你都不能不注意让孩子学会爱！

“管理好自己”思考题

【反向思维】

◎让孩子学会爱没有用，孩子就是不愿意学习！

◎让孩子学会爱到位了，孩子还是不好好学！

◎我让孩子学会爱，道不同不相为谋！

◎让孩子学会爱不到位，反而被别人瞧不起！

【正向思维】

◎让孩子学会爱之后，家庭和睦了！

◎让孩子学会爱之后，孩子的能力提高了！

◎让孩子学会爱之后，父母与孩子相处更融洽了！

◎让孩子学会爱之后，父母与孩子的误会没有了！

与心对话

每日一问：

家庭生活中总有一些磕磕绊绊的冲突点，很多事情都需要让孩子学会爱，你面对这些问题是怎么解决的？你身边的家庭又是怎么处理的？

请将在家里看到的记录下来：

陶行知说：每天要四问：一问我的身体有没有进步？二问我的学问有没有进步？三问我的工作有没有进步？四问我的道德有没有进步？

Part 5

要注重培养孩子的“公德”

- “公德”的特征与内容
- 要让孩子严守“公德”
- 培养有“公德”的好公民
- 让孩子在磨炼中成长
- 要保护好孩子的“公德心”
- 用“5S”标准修炼孩子的“品德”

“公德”的特征与内容

“公德”是指存在于社会群体中面对公众的道德，人们为了公众的利益约定俗成的行为规范。

“公德”有两个特征：一是维护社会公众的安宁和幸福，如不破坏公物、不影响他人等；二是社会公共生活中人与人之间的和谐相处、举止文明、以礼相待等符合公众利益的行为。

自觉杜绝说脏话、随便猜疑、欺骗他人等恶习，是具备社会公德最起码的要求。

社会公德的内容是对公共生活中的方方面面提出的基本规范和要求。

在我国现代社会中，社会公德的主要内容有如下几点。

（1）助人为乐是社会成员在公共生活交往中用以调整相互关系的行为规范。

在公共生活中，人与人之间应该团结友爱，相互关心，相互帮助。努力做到：“爱人者人恒爱之，信人者人恒信之”。

现实生活中不可能人人都能时时快乐、事事顺心，难免会遇到这样或那样的困难，当需要他人帮助、救济的时候，就需要人们之间互相帮助、扶危济困、乐善好施、助人为乐。

（2）爱护公共财物，尤其在公共场合更要注意爱护国家及公共财产不受侵犯。

为了保持社会公共生活的环境整洁、舒适和干净，保障社会成员的身体健康，每个公民都应当讲究公共卫生、保护生活环境，这是社会公共生活中人们应当做到并严格遵守的行为规范。

讲究公共卫生、创建优美环境是孩子身心健康的重要保证，也是社会风尚的一个重要方面，体现着一个民族的文明程度和精神面貌。

（3）遵纪守法是对公民行为的必要约束及规范，是对道德的补充。

自觉遵守法律法规是社会公德最基本的要求。

在公共生活中人们要能顺利地进行社会活动，就必须要有规矩可循，必须遵循一定的行为规范。每个社会成员既要遵守国家颁布的有关法律法规，也要遵守特定公共场所的有关规定。

人们只有依照法律、法规的有关规定行事，才不会妨碍他人的正常生活，保障自己所要从事的活动不受影响；才不会给社会和他人造成损失和伤害，保持社会公共生活相对的和谐稳定，促使社会健康有序地发展。

每个社会成员都应自觉增强法律意识、增强法治观念，自觉用法治来指导和约束自己的行为，自觉履行法治规定的义务，善于运用法律武器同各种违法乱纪现象作斗争，保护自己的合法权益不受侵犯，真正做到遵纪守法。

【案例 1】

春秋时期，宋国有个叫子罕的官员，品德高尚、为政清廉，从不接受别人的礼物，在百姓中享有较高的威望。

有一次，一个宋国人怀藏宝玉，兴冲冲地找到子罕说：“小人专程来给大人献宝，请大人收下。”

子罕接过宝玉看了看说：“你还是拿走吧，我不能收。”献宝人以为子罕不识货，子罕却笑着说：“我以不贪为宝，你以玉为宝，假如你将玉给了我，我们两个人岂不都失去了宝。”

献宝人听后十分震撼和惭愧。

【分析】

“我以不贪为宝，你以玉为宝，假如你将玉给了我，我们两个人岂不都失去了宝。”献宝人为何十分震撼和惭愧呢？这就是子罕“不贪为宝”的“公德”。

【案例 2】

从古至今，人们对扶贫济困的“好人”总是念念不忘，对敢于见义勇为、伸张正气的人倍加称颂。

青少年时期的孩子们，虽然很少有特别恶劣的损害社会或他人利益的行为发生，但以大欺小、强词夺理、小偷小摸、参与打架斗殴、骑“飞”车、险车扰乱交通之类的现象时有发生。

一般来说，经常关心孩子的父母，孩子的恶迹就会及时被发现，使孩子的错误在萌芽状态中得以纠正，面对孩子的这些不良行为，有些父母总是教育孩子“少管闲事”“明哲保身”，殊不知长此以往，孩子的善恶观念和正义感就会逐渐模糊，对人对事也会处之以冷漠的状态。

小刚的父母从小就培养小刚“助人为乐”的“公德”。有一次，小刚在上学的路上，看到一位年迈的老人病倒在路边，年仅13岁的小刚二话没说，背起老人就送进了附近的“医务室”，帮助老人治好病，还将自己的零花钱给老人付了医药费。老人的家人写了一封表扬信，送到小刚的学校，老师、同学和小刚的父母得到这个消息后，给予小刚高度的评价。

培养孩子助人为乐的精神，是社会的需要，也是公德教育中必不可少的内容。

【分析】

人人都痛恨恶势力的为非作歹，但只有大家敢于起来与之斗争，恶势力的气焰才不能嚣张，良好的社会环境才能保持。

认知：

理解：

做件什么事	怎么做的	做中的感悟

准备：

学会做：

要让孩子严守“公德”

“公德”作为人类社会生活中最起码、最简单的行为准则，是与人们的切身利益息息相关的，也是为适应社会和人的需要而产生的。它对人们的社会生活具有广泛的社会作用，是每个社会成员都应该自觉遵守的社会公德。

1. 遵守“公德”是维护社会秩序的必要条件

“公德”是维护公共场所正常秩序和安定环境、维护现实社会生活的最低准则，是人们现实社会生活稳定发展的基本条件。

2. 遵守“公德”是成为一个有道德的人的最基本要求

“公德”具有维护社会稳定、扬善惩恶的功能，在社会生产和生活中起着强大的精神感召作用。社会公德的作用主要体现在：一方面肯定、维护和促进人们生存、发展的社会行为；另一方面否定、抑制和阻止一切有碍于或有害于人们生存、发展的行为。通过社会公德的规范来促进人们弃恶扬善，扶正祛邪，指导人们的思想和行为，非强制性地调节和规范人们的言论和行为，维护社会公共秩序，有效地满足社会与社会成员的需要。

3.“公德”建设是精神文明的“窗口”

“公德”是社会道德的基石和支柱，社会公德对社会道德风尚的影响稳定而深刻、广泛而持久。

社会道德是社会精神文明的重要组成部分，从人们遵守社会公德的自觉程度和普及程度，可以看出整个社会精神文明的状况。

因此，如果“公德”遭到了践踏和破坏，整个社会的道德体系就会被瓦解，社会的安定团结也将被破坏，社会主义精神文明建设也就不可能真正实现。

在一定的历史阶段，社会的道德风尚通常是衡量一个社会的精神文明发展水平的重要标志，是整个人类社会精神文明发展的一种反映和体现。

每个社会成员都应该增强社会公德意识，自觉地以社会责任感考量自己的行为，自觉遵循社会群体利益和他人利益的公共规范。

【案例 1】

从前，有个放羊娃，每天都去山上放羊。

一天，他觉得十分无聊，就想了个捉弄大家自己寻开心的主意，于是便向山下正在种田的农夫们大声喊："狼来了！狼来了！救命啊！"农夫们听到喊声急忙拿着锄头和镰刀往山上跑，他们边跑边喊："不要怕，孩子，我们来帮你打恶狼！"农夫们气喘吁吁地赶到山上一看，连狼的影子也没有！放羊娃哈哈大笑："真有意思，你们上当了！"农夫们生气地走了。

第二天，放羊娃故技重演，善良的农夫们又冲上来帮他打狼，可还是没有见到狼的影子。

放羊娃笑得直不起腰："哈哈！你们又上当了！哈哈！"大伙儿对放羊娃一再地说谎十分生气，从此再也不相信他的话了。

过了几天，狼真的来了，一下子闯进了羊群。放羊娃害怕极了，拼命地向农夫们喊："狼来了！狼来了！快救命呀！狼真的来了！"

农夫们听到他的喊声，以为他又在说谎，大家都不理睬他，没有人去帮他，结果，放羊娃的许多羊都被狼咬死了。

【分析】

"放羊娃"因多次说谎，最终，狼真的来了，村民们以为他还在说谎，就不再相信他了，结果，"放羊娃的许多羊都被狼咬死了"。多么惨痛的教训啊！

【案例2】

《后汉书·列女传》记载：河南乐羊子之妻者，不知何氏之女也。

羊子尝行路，得遗金一饼，还以与妻。

妻曰：“妾闻志士不饮‘盗泉’之水，廉者不受嗟来之食，况拾遗求利，以污其行乎！”羊子大惭，乃捐金于野，而远寻师学。

乐羊子拾金不还，而是拿到自己家中据为己有，这是不当得利，属于“小恶”。但其妻子却义正词严地告诉他，这种行为属于污染志士和廉者节操的“恶行”，为君子所不齿，乐羊子从谏如流，脸红弃金。

【分析】

人们常常会因为“恶”小而放松对自己行为的约束，会宽慰自己这没什么大不了的，小事一桩嘛。但所谓积习难改，一旦小错积累成大错、小恶演变为大恶时，往往捶胸顿足悔之晚矣，这就是“勿以恶小而为之”的道理。

一个微笑、一声问候能够给陌生之人带来浓浓暖意，甚至会给身处绝境之人带来生的希望，这就是“善”的力量。有时你看似不经意的一个善举必将积下善因带来善果；相反，一个看来小小的“恶行”，比如随意闯个红灯、丢弃垃圾等，日积月累，就如同那可以毁掉千里之堤的“蚁穴”，这就是“恶”的代价。

认知：

理解：

做件什么事	怎么做的	做中的感悟

准备：

学会做：

培养有“公德”的好公民

1. 理解尊重孩子，做孩子平等的朋友

有这样一个故事：有位母亲发现活泼、聪明的女儿最近常不在家吃饭，每次出去总是下饭店，妈妈要她回家做饭，她总不情愿地进厨房。

这位母亲十分不理解：女孩子将来要成家，应该喜欢在家做饭才对啊，为什么孩子不愿在家做饭呢？后来她终于发现了其中的原因。一次，母亲自己进厨房做饭，她耐下心来和孩子交流时，想起自己在孩子小的时候也常不在家做饭，便开始理解女儿不愿下厨房的原因了，母亲站在女儿的角度，换位思考地看待女儿的问题，慢慢地和女儿达成了心灵的沟通。

倾听、理解和尊重孩子的想法，关注孩子的情绪变化，让孩子对父母产生信任感，和孩子进行语言上的沟通、情感上的交流、心灵上的对话，成为孩子真正的朋友，才能了解孩子真实的想法，有效地帮助孩子。

当父母以一种关爱的姿态与孩子相处时，得到的回报是丰厚的，孩子在和父母的沟通中，也同时学会了如何与别人和谐相处、换位思考、理解他人、关爱他人、团结协作等优良的品质。

2. 言传身教让孩子在生活中学到大道理

有时候经常听到父母抱怨孩子：不懂事，没有爱心，没有孝心，连最起码的礼貌都没有，更别提责任心了等。

其实，“父母是孩子的第一任教师”“什么样的父母就培养什么样的孩子”，父母在抱怨孩子的同时，应该常常反省一下自己。

（1）言谈举止是否得体？比如，说话时的语言是否文明？说话时的态度是否端正？说话时的行为是否优雅？

（2）待人接物是否适度？要让孩子成为一个有孝心的人，做父母的是否应该首先做到？在生活中为孩子树立一个效仿的榜样是为人父母最起码的品德。

在孩子面前，父母应该首先表达自己对父母的关爱和孝心，让孩子在耳濡目染中体味、学会那些大道理，而不是用强迫的方式让孩子尊重自己。

【案例 1】

周先生家住在中原局的石油大院，比父母家优越的是冬天房子里有暖气，母亲每年冬天都会来周先生家小住一段。每次来时，周先生总是忙前忙后，周末除了陪老人聊天、游玩，还为老人购买在他们眼中属于奢侈类的生活用品。

周先生有时间就会用一个大的洗脚盆盛满水为母亲泡脚，有时也会帮她洗脚，剪脚指甲。这让母亲都觉得不好意思。

记得有一次，周先生出差住单位招待所，孩子说：“爸爸，我帮你洗衣服吧。”周先生开玩笑地说：“好的，洗完再帮我剪指甲。”

果然，孩子洗完衣服真拿来了指甲剪，卖力地帮周先生剪起指甲来。

稚嫩的小手不小心剪到周先生的肉，周先生疼得眼泪都掉下来了。孩子紧张地摸着周先生的手，连声说：“爸，一定很疼吧？”看到孩子那紧张的样子，周先生心想，孩子不仅学会了孝，也学会了爱，更能体会到作为家庭中的一员自己所该承担的责任。

“老吾老以及人之老”，对孩子的道德培养应该从大处着眼，小处着手，让孩子多做点力所能及的家务，走出自我中心，感受到家庭和社会的责任和分量，强化对他人和周围环境的责任心。

孩子今年30多岁了，至今公心不变，总是为别人想得多，为自己想得少，在为人处世等方面还真能当周先生的老师。这就是成就啊！

这些年来，周先生没有要求孩子到具体的单位去工作。

有一次，孩子对周先生说：“爸，我是不是要找一个具体的单位去打工？”周先生说：“不必了，打工也是锻炼，创业也是，这些年你已经具备了创业的能力了，等爸爸好好筹划一下，直接创业做老板就行了。”

【分析】

这个例子是想告诉大家：孩子有“德”就有“才”，只要有“德”，发财是早晚的事，唯有具备“公德”，才能做一番事业。

【案例 2】

徐勉虽然官位显要，但无心经营自家产业，家中也没有什么积蓄。所得的薪俸，大都分送赡养亲族中贫困人家。他的弟子和老友曾善意地劝说他要为家人和自己考虑，徐勉回答说："别人给子孙留下的是财物，我给子孙留下的是清白。子孙们只要有才干，他们自己就会创造出财富；如果他们没有自我创业的本领，即使留给他们一大笔财产最后也还是归于别人。"

有一次，徐勉写信告诫自己的儿子说："我家祖辈清廉，所以家境一直贫寒，至于家产这类的事情，从来都不曾提过，不只是不经营而已。我家的底子薄没有背景，只是机遇好。慢慢才有了今日的高官厚禄，可以说这就是什么都有了……"

古人说："以清白留给子孙，不也是很丰厚的吗？"给子孙留下满箱的黄金，倒不如给他们留下一部幸福生活的"经书"。

【分析】

细细地琢磨古人说的这些话，确实都不是空话。只要能够做到古人所说的话，练就一身保证自身幸福生活的本领，人生就不会孤独……

认知：

理解：

做件什么事	怎么做的	做中的感悟

准备：

学会做：

让孩子在磨炼中成长

“舍得，舍得”，有“舍”必有“得”，做父母的不要舍不得，要鼓励孩子在磨炼中成长。

有句老话说：“爱孩子是连母鸡都会做的事情。”身为父母，爱孩子是发自内心的，但是如何给孩子适度的爱，更有利于孩子的发展呢?

我们知道，对孩子的保护是家庭、学校和社会共同的责任，但是，现在的独生子女，很容易导致一个家庭中太多的人来保护一个孩子，有的父母往往打着“爱”的旗号给孩子提供了过度的保护，正是这种过度的保护使孩子失去了体验生活的机会：试想孩子体验不到生活的酸甜苦辣，体验不到人生的悲欢离合，体验不到社会的风风雨雨，怎么适应日后复杂的社会环境呢?

做父母的要明白孩子不是生活在一个我们理想的世界中，他（她）们总会长大，要独自去面对一些事情，总是要在这个社会上生存，自强、自立、自我奋斗的能力才是孩子将来生活和立业的基础。这种能力也只能靠孩子自己在生活实践中慢慢地锻炼，而不是孩子先天就有或者父母给予的。

孩子如果得不到生活的磨炼和自我奋斗的机会，长大了就很难面对激烈复杂的社会竞争。

当下，父母对孩子过度的“爱”，不仅是一种溺爱，而且是“害”孩子的根源。

“溺爱”容易滋生孩子的任性、固执、发脾气的缺点，容易造成孩子的不自立，只知道接受别人的爱，而不知道怎么爱别人，从而让孩子变得懒惰、自私、没有责任心。

所以，我们说“溺爱”不是爱，父母应当给予孩子适度的爱，让孩子自然、健康地成长。

父母对孩子真正的“爱”是让孩子在成长过程中经历一些磨难，适度的磨难是一种财富。

如果父母不让孩子在成长过程中经历“磨难”，给予孩子成长过程中的一帆风顺，无疑就是缺失了对孩子的“挫折”教育，使孩子失去了应对挫折的能力，同时也就造成了孩子长大后自律的缺失。

【案例 1】

有一种蛾子，由于其体型硕大，外观美丽，人们把它叫作“帝王蛾”。

帝王蛾的幼虫时期是在一个极其狭小的茧子中度过的，当它的生命发生质变时，狭小通道对它来讲无疑成了“鬼门关”。它娇嫩的身躯必须拼尽全力才能破茧而出，太多的幼虫在过这个“鬼门关”时都力竭身亡，不幸成了悲壮祭品。

有人怀了恻隐之心，企图将那幼虫的生命通道弄得宽阔一些，便拿来剪刀，把茧子的洞口剪大。于是，茧中的幼虫不用费多大的力气，轻易就能从那个“茧子”里钻出来。但是，不幸的是，所有得了救助而见到天日的蛾子，都成了“好心人”的牺牲品，它们无论如何都飞不起来了，只能拖着丧失飞翔功能的双翅在地上笨拙地爬行！

【分析】

原来，那“鬼门关”般的狭小茧洞就是帮助帝王蛾成就双翼起飞的关键。幼虫穿过狭小通道的时候，通过用力挤压，血液才能送达蛾翼的组织中，使其两翼充血，帝王蛾的翅膀才能发育成熟。

人为地将茧洞剪大，蛾子的翼翅就失去了充血的过程，爬出来的帝王蛾，便永远与飞翔绝缘。日后，就再也没有谁能施舍给帝王蛾一双振臂奋飞的翅膀了！

【案例 2】

独生女欣欣，爷爷、奶奶、爸爸、妈妈都十分宠爱她。平时她只喝牛奶、吃面包与鸡蛋，一般的饭菜嚼在嘴里迟迟不肯下咽。

穿衣服从小就要挑花色品种，总要比别人漂亮。

时间久了，在家里对父母说话也像下命令似的，稍不如意就哭闹、发脾气。

在幼儿园连滑梯都不敢玩，出门上街走几步就嚷着要抱。

到了 5 岁，还不会穿衣服，街坊邻居都说她过得像个“小公主”。

【分析】

“到了5岁，还不会穿衣服”，成了“小公主”。照这样发展下去，欣欣怎么可能适应社会呢？娇生惯养带给孩子的只能是“害”，成才就更不用说了。

认知：

理解：

做件什么事	怎么做的	做中的感悟

准备：

学会做：

要保护好孩子的“公德心”

对于孩子来说“公德心”不是与生俱来的。

孩子小的时候，并不懂得什么是“公德心”，什么是“换位思考”，此时的父母该如何引导孩子有“公德心”呢？

1. 家庭要讲“公德”

家庭内部也要分公共和私有两个领域。

父母培养孩子的公德心，要先从家庭生活开始。从小让孩子尊重家里其他人的利益，做事要考虑别人的感受，在大家共享的空间里要遵守共同的规则。

父母应该告诉孩子：除了在自己房间里可以随意活动，进入其他人的房间都要尊重主人的生活习惯。比如，进父母房间，必须先敲门；动用别人用品前，要征求别人的意见；用完马桶要冲水；在自己房间听音乐，声音不能太大；洗完澡后，地板要顺手擦干……如果孩子从小就能养成这些良好的行为习惯，他的心中就会有别人，懂得为别人着想。从家中步入学校，走向社会后，就会成为一个受人欢迎、行为得体的人。

2. 让孩子以父母的行为为楷模

在孩子还没有接触外面的世界之前，孩子的言行往往都会模仿父母，此时孩子的人生就像一张张白纸，上面所有的色彩和痕迹，都是父母留下的。

父母的所作所为，在孩子的大脑里会精准地记录下来，并通过自己的大脑复制出来。比如，父母带着孩子外出乘车，每次都遵守秩序，排队候车，从不插队，孩子就明白这是乘坐公共交通的规矩，独自乘车时也会如此。如果父母在外从不随手丢弃垃圾，孩子就会知道，即使是小小的一张纸巾，用完也要扔进垃圾桶里；如果父母带孩子去餐馆吃饭，彼此之间说话时都注意压低声音，孩子就会知道在外面和在家里是不同的，不能高谈阔论、随意喧哗……只有父母的行为适应公共利益，孩子才可能成为一个有公德心的人。

3. 用同理心增进孩子的相互理解

父母培养孩子的同理心，首先自己要有同理心，不能仅靠口头说，如“你要谅解别人，为别人着想……”行为上却光说不练，这样一来，孩子既不会照做，也难以理解什么是同理心。

真正能够改变孩子的，是孩子常“被理解”的体验，只有孩子经常被理解、被支持，才能滋生理解他人的能力。

如果父母和孩子的谈话总是强迫性的灌输、说教，很难使孩子有内心感受。孩子感受不到父母的理解和体谅，自然也不会理解父母。

当孩子主动向父母表达自我感受时，父母一定要珍惜这样的机会，认真倾听，不评价，不急于批判，对于孩子的不足要及时纠正并给出建议。

遇事要让孩子自由表达想法、梳理情绪，自己分析其原因，父母可以适当地说一些帮助孩子分析的语言，比如，“你现在一定很生气”“谁遇到那种状况，都会像你一样难过”，要特别注意使用评价性语言，让孩子有“父母了解他（她）们”的感觉。

对于青春期的孩子，父母需要有更大的包容性和更强的同理心，尽最大努力减少对立，缓和言语上的摩擦。

在家庭的很多琐碎事情上，只要仔细分析就会发现父母和孩子之间的矛盾，多半是因为双方都不具备同理心。

【案例 1】

有一个孩子，酷爱音乐，常常在家里大声播放自己喜欢的歌曲。

这样做不仅得不到父母的支持，家里还常常出现以下不和谐情景。

父母："又吼又叫的，什么音乐吗？吵死人的音乐有什么好听的？"

孩子："这是我灵魂颤动的音乐啊！"

父母："我这么苦口婆心地讲，你为什么总是这种态度？"

孩子："我最不喜欢的事情就是你不停地唠叨，不信我唠叨一下，你试一试！"

父母："你和同学讲话有说有笑，为什么一看到我就一句话都没有了呢？"

孩子："朋友是世界上最重要的人！"

父母："要考试了，为什么成天还想往外跑？"

孩子："考试，考试，就知道考试！出了门，只有外面的世界才能让我放松！"

【分析】

试想：倘若时光倒转三十年，回到我们当年的岁月，不正是孩子这副模样吗？所以，父母培养孩子，要有同理心，首先要强化自己对孩子的同理心，站在孩子的角度去看世界。这样，你就会发现，孩子是那样的天真可爱，朝气蓬勃！不是孩子不听话，而是我们要跟上时代的脚步啊！

认知：

理解：

做件什么事	怎么做的	做中的感悟

准备：

学会做：

用“5S”标准修炼孩子的“品德”

“5S”管理是当今最具代表性的文化创新，不仅具有人性化十足的时代特点，也具备相当的可操作性。“5S”本是用于企业管理的，无独有偶，和谐家庭管理的五个词也都是“S”开头。我们就将这五个词语的英文首个字母的缩写称为家庭管理中的“5S”，即“微笑（SMILE）、迅速（SPEED）、诚意（SINCERITY）、灵巧（SMART）、研究（STUDY）”。

微笑（SMILE）：指适度的微笑。例如，孩子对父母有体贴的心，会常常发出微笑。微笑可以体现孩子与父母心灵上的宽容，笑容可以表现孩子开朗、体贴和健康的心态。

迅速（SPEED）：指动作迅速。它有两种意义：一种是物理上的速度，即做事尽量快些，不要让父母久等；二是演示上的速度，父母的动作与体贴会引起孩子的满足感，使他们不觉得等待时间过长。父母以快速的动作表现，是衡量家庭和谐的一个重要标准。

诚意（SINCERITY）：父母如果心存诚意，孩子一定能体会到：父母正以真诚不虚伪的态度对待孩子，这也是家庭管理的基本原则。

灵巧（SMART）：指精明、整洁、利落。父母以干净、利落、灵巧、敏捷、优雅的动作来对待孩子，即可获得孩子的信赖。

研究（STUDY）：要时刻了解孩子的心理，研究孩子出现问题的应对技巧。父母平日如果能多研究孩子的心理，学习一些育子知识，在管理孩子的层面上就会有所提高（图 5）。

【案例 1】

《大头儿子和小头爸爸》的作者郑春华在生活中又是怎样一位母亲呢？这部动画的创作灵感就源自这位女作家的大脑袋儿子。

十多年前，每逢节假日，郑春华和先生都要带着平日全托的儿子外出玩耍。一家人在草坪上、在大海边尽情嬉戏。有时，父子俩的欢声笑语还会引起她莫名的感动。

与《大头儿子和小头爸爸》里温馨快乐的家庭不同，郑春华觉得自己的童年充满爱的缺失和遗憾。

郑春华小时候工作忙碌的父母很少陪伴她，她最羡慕的是牵着父母的手的邻家小女孩。当儿子降临人世，她想的最多的不是让孩子吃什么、穿什么、学什么，而是怎样去发现他、读懂他、理解他。

后来发现，孩子的优点比缺点多。和所有的孩子一样，大头儿子成长之路也有磕磕绊绊。

儿子进入小学不久，郑春华就发现个性很强的儿子，和老师相处不太和谐，从儿子每天上学前的“吻别”，郑春华意识到儿子的焦虑。儿子和所有从幼儿园升入小学的孩子一样，心灵正面临着巨大的转折。郑春华决定为儿子换个班级，可儿子却不愿意，垂下了大脑袋说：“新老师不会要我的，我很皮的。”郑春华耐心地说：“我见过新老师了，她只相信自己的眼睛。你应该有信心啊！”儿子点点头，满怀信心地去了新的班级。

“你应该有信心啊！”每当听到这话，儿子黑亮的眼睛瞬时放出异样的光彩。如今，当年蹒跚学步的大头儿子，已是名牌大学一位意气风发的大学生了。

【分析】

当妈妈的当然知道，换了班级的儿子还会遇到各种挫折，儿子是这个班里调皮蛋的“四大天王”之一，怎么改得了顽皮的天性？关键是保护好孩子的自信心。“你的优点比缺点多”“你应该有信心啊”，这是郑春华常说给孩子的话，为了孩子，郑春华总是想方设法让儿子相信老师是喜欢他的。

【案例2】

中央电视台《实话实说》节目主持人崔永元说：这一生对他最具有影响力的是他父母的爱。他给这份爱打了一个精彩的比喻：“父爱就像日出，那样光明磊落、真挚情深；母爱就像月亮，那样温柔无私、慈爱无边。”

崔永元对笔者说：“我的家庭环境很正规、很正统。父亲是部队军人，做政治工作的。父母对我的教育，我印象最深的就是诚实。他们认为这是第一位的。孩子不能说谎，不能骗人，不能去占人家的便宜。这些要求非常严格，直到现在，父母依然这样要求我。”

父母的一言一行都深刻影响着崔永元。他们家曾经养了一只大花猫，一天早上，发现大花猫正守着两条大黄花鱼得意。崔永元就把这事告诉了妈妈。全家人顺着脚印一查，知道黄花鱼是大花猫从屋后墙外的国营菜市场叼来的。崔永元的妈妈二话不说，就带着黄花鱼和崔永元直奔菜市场，说明情况后，把黄花鱼的钱付给了营业员。

崔永元家有个邻居，脾气非常古怪。今天和你好，明天就可能骂你，而且还骂一些非常难听的话。她儿子考试没考好而崔永元考好了，也会令她不满，乱骂一通。为此，崔永元的母亲常常唉声叹气，但从来不和这位邻居争辩一句。通常是过了两三天以后，那个阿姨就又来找她聊天，好像什么事也没发生过。崔永元的母亲经常做这些与人为善的事情。

20 世纪 70 年代初，崔永元刚开始上小学，父亲在团里做政委，部队上经常有家属来探亲，有时候没地方住，母亲就把他们接到家里来住，给他们做饭。崔永元兄弟姐妹不仅不烦，而且会有一种做好事的冲动感，看见妈妈把热汤面端过去了，他们就把自己藏的苹果拿出来给客人吃。

【分析】

父母的榜样作用使崔永元养成了善待他人、坦诚处世的好习惯、好性格。文中的故事不仅说明父母行为对孩子的影响，也歌颂了伟大的母爱。

认知：

理解：

做件什么事	怎么做的	做中的感悟

准备：

学会做：

本章复盘

◎ 小问题

回答下面的问题，帮助你理解对孩子进行“公德”教育在家庭教育中的必要性。

1. 对孩子进行“公德”教育的目的是什么?

2. 对孩子进行“公德”教育首先要做到什么?

3. 对孩子进行“公德”教育的步骤是什么?

4. 对孩子进行“公德”教育有哪些要注意的环节?

5. 对孩子进行“公德”教育有什么效果和表现?

6. 对孩子进行“公德”教育和掌握知识应该如何区别?

7. 对孩子进行“公德”教育的方式不同,效果有什么不一样?

8. 对孩子进行“公德”教育的问题有哪些?

如何做更好的父母

◎收起你的懦弱,摆出你的姿态,重视起对孩子的“公德”教育,不要打击孩子的积极性!

◎就算周边的人(含家庭成员)都否定孩子,你也要相信孩子,不要管别人的看法。

◎孩子的能力是通过对孩子的“公德”教育出来的,要相信,世上本没有做不到的事,只有不做,才适得其反。

◎不管孩子如何,都可能不被欣赏,总有人认为他不够好,不管别人怎么看,你都不能不注意培养孩子的“公德心”!

“管理好自己”思考题

【反向思维】

◎对孩子进行“公德”教育没有用,孩子就是不愿意学习!

◎对孩子进行“公德”教育到位了,孩子还是不好好学!

◎我对孩子进行“公德”教育,道不同不相为谋!

◎对孩子进行“公德”教育不到位,反而被别人瞧不起!

【正向思维】

◎对孩子进行“公德”教育之后，家庭和睦了！

◎对孩子进行“公德”教育之后，孩子的能力提高了！

◎对孩子进行“公德”教育之后，父母与孩子相处更融洽了！

◎对孩子进行“公德”教育之后，父母与孩子的误会没有了！

与心对话

每日一问：

家庭生活中总有一些磕磕绊绊的冲突点，很多事情都需要对孩子的“公德”教育，你面对这些问题是怎么解决的？你身边的家庭又是怎么处理的？

请将在家里看到的记录下来：

参考文献

[1]迈克尔 · W.阿普尔.意识形态与课程[M].黄忠敬译.上海:华东师范出版社,2001.

[2]PIERRE B,JEAN-CLAUDE P. Reproduction in education, society and culture[M]. London,Eng:Sage Publications Ltd.1990.

[3]保罗 · 弗雷尔.被压迫者教育学[M].顾建新,赵友华,何曙荣译. 上海:华东师范大学出版社,2001.

[4]JEAN J. Studies in Socialism[M]. New York:Wentworth Press,2019.

[5]陶行知.陶行知全集[M].成都:四川教育出版社,2005.

[6]陶行知.中国教育改造[M].上海:上海亚东图书馆,1928.

[7]徐德春.做学教ABC[M].上海:上海世界书局,1929.

[8]陶行知.中国大众教育问题[M].上海:上海大众文化社,1936.

[9]陶行知.行知书信[M].上海:上海亚东图书馆,1929.

[10]陶行知.行知诗歌集[M].上海:上海儿童书局,1933.

[11]陶行知.行知诗歌前集[M].上海:上海儿童书局,1935.

[12]陶行知.行知诗歌三集[M].上海:上海儿童书局,1936.

[13]陈青之.中国教育史[M].北京:中国社会科学出版社,2009.

[14]孙培青,杜成宪.中国教育史[M].3版. 上海:华东师范大学出版社,2008.

[15]王陆.虚拟学习社区原理与应用[M].北京:高等教育出版社,2004.

[16]莱斯利·P.斯特弗. 教育中的建构主义[M].高文译.上海:华东师范大学出版社,2002.

[17]日本筑波大学教育学研究会.现代教育学基础[M].钟启泉,译.上海:上海教育出版社,2003.

[18]ROBERT M G,WALTER W W,KATHARINE G,et al. 教学设计原理[M].王小明,庞维国,陈保华等译.上海:华东师范大学出版社,2007.

[19]周文彪.生活创新教育[M].北京:新世界出版社,2013.

[20]侯怀银,张宏波.社会教育解读[J].教育学报,2007:3-8.